여성리더가 알아야 할
파워코칭
27+3

20여 년간 각 기업 현장에서 여성이라는 길을 걸어온 우리 이야기를 생생하게 들려주는 책이다. 회사 밖에서 나누어 온 우리의 격려와 우정에 미래의 여성 임원들인 당신들의 동참을 기꺼이 추천한다.

신지연 (삼성중공업 법무실 책임변호사), **조화준** (KT 자금담당 상무)
권숙교 (우리금융정보시스템 대표), **한정아** (한국IBM 재무담당 상무)
송명림 (파맥스 오길비헬스월드 대표), **이숙자** (김앤장법률사무소 이사)
김행미 (국민은행 영동본부장), **박남희** (한국마이크로소프트 마케팅담당 상무)
장혜영 (전 베이츠141 대표), **박현주** (SABIC innovative Plastics 인사담당 상무)
이경미 (한국애보트 식품영양사업부담당 상무), **박정현** (Markncompany 부사장)

최근 가장 커다란 물결 중 하나는 여성 리더들의 등장이다. 여성 리더십을 이해하는 과제는 이제 남성 리더들의 필수 이해 사항이기도 하다. 기업에서 여성 리더십을 앞서 개척해 나간 이 책 저자들의 생생한 현장 경험과 조언은 그래서 더욱 가치 있다.

– **이영호** 라이나생명보험 대표이사

다이내믹한 다국적 기업에서 앞서간 여성 리더들의 성공 비밀이 담긴 책. 한국 여성 인재들의 무한한 잠재력을 일깨워 훌륭한 리더로 발전할 수 있도록 코칭해 주는 가이드북이 나온 것을 진심으로 환영한다.

– 김동수 전 듀폰 아시아태평양지역 사장

여성 임원은 주어진 환경에 의해 만들어지는 것이 아니라 변화의 중심에 서서 자신의 커리어를 잘 관리해 나갈 때 가능한 일이다. 그래서 이미 여성 리더십을 충분히 발휘해 왔고 앞으로도 놀랄만한 역량을 펼쳐 보일 세 여성 임원의 리더십 코칭이 담긴 이 책에 기대가 크다.

– 안승준 삼성전자 전무

많은 이들이 해돋이를 보려면 동쪽으로 가야 한다고 말한다. 하지만 '동쪽'으로 가는 길은 수도 없이 많다. 이 책은 이미 멋진 일출을 경험한 그녀들이 그 동안의 경험을 많은 이들과 공유하기 위해 쓴 것이다. 리더의 길을 가고 있는 당신이 이 책을 통해 스스로 얼마만큼 전진했는지, 그리고 얼마나 더 가야 하는지를 알게 되길 바란다.

– 윤여순 LG인화원(리더교육팀) 전무

말단에서 시작한 세 여성 임원의
생생한 현장 리더십

여성리더가 알아야 할

파워코칭

27+3

개정판

서유순 · 오철숙 · 이영숙 지음

이지출판

여성 임원이 되고자 하는 당신을 위해

이 책의 출생은 4년 전으로 거슬러 올라간다.

외국계 기업의 인사담당 여성 임원들의 모임인 LWHR Leading Women in Human Resources 은 매월 모여서 각 회사가 진행하고 있는 일들과 최근 동향을 공유하거나 당면 현안에 대해 서로 도움을 주면서 10년이 넘도록 만나고 있다. 그런 가운데 이화여자대학교 부설기관인 '이화리더십개발원'이 여성 리더십 과정을 개설하면서 LWHR에 협조 요청을 해 왔다.

각계에서 고군분투하고 있는 여성 리더들과 우리의 경험을 나누고 그들이 리더로서의 역할을 성공적으로 수행할 수 있도록 도와 주었으면 한다는 것이었다. 이렇게 시작된 일을 위해 우리는 주말 시간을 기꺼이 내놓게 되었다.

여성 리더십 과정이 회를 거듭할수록 생각 외로 많은 여성들이 비슷한 문제로 고민하고 있다는 것을 알게 되었다. 그 어려움은 적시에 적절한 조언만 있다면 훨씬 줄어들 거라는 것이 우리 생각이었다. 또한 현장에서 부딪치는 어려움으로 좌절하는 여성들에게 그들이 마주하는 벽이 도저히 넘을 수 없는 절망의 벽이 아니라는 점을 힘주어 말해 주어야 할 필요성을 느꼈다. 왜냐하면 우리도 비슷한 장벽 앞에서 절망하기도 했지만 그것은 도저히 넘을 수 없는 벽이 아니라 다만 어려운 벽일 뿐이라는 사실을 직접 겪으면서 이 자리까지 온 산증인이기 때문이다.

이런 공감대가 형성되면서 길을 찾지 못해 돌아가거나 포기하는 여성들을 보다 폭넓게 도울 수 있는 기회를 책을 통해 모색해 보자는 이야기가 나오게 되었다. 그후 우리 세 사람은 퇴근 후 또는 주말에 만나 많은 시간을 함께 보냈다. 우리는 기꺼이 자신의 마음을 열어 준 300명이 넘는 여성 리더들의 이야기를 바탕으로 조직 내에서 벌어지는 많은 상황 중에 보편적이고도 결정적인 상황을 선별했다. 그리고 각 상황에 대해 토론하고 고민하는 과정을 거치면서 나름대로의 결론에 도달했고 그것이 이 책에 고스란히 담겨 있다.

이 책은 각 주제마다 4단계로 나눠져 있다. 첫 단계에는 여성 리더들이 어려움을 느끼는 케이스^{Case}가 서술되어 있고, 두 번째 단계는 그 어려움에 대한 코칭^{Coaching}이다. 우리는 이 책을 읽는 독자들이 코칭 내용을 통해 리더십 역량을 더 높일 수 있게 하는 데에 초점을 두었다. 우리가 제시한 길이 유일한 것이라고 생각하지는 않지만, 문제를 해결하기 위한 많은 루트 가운데 하나의 대안이 될 수 있기를 희망한다. 세 번째 단계에는 각 주제별 리더십 역량을 더욱 효과적으로 키울 수 있는 다양한 팁^{Tip}을 마련했고, 네 번째 단계에는 코칭 내용을 원 포인트 레

슨 ^{One Point Lesson}에 한두 줄로 요약하여 핵심을 놓치지 않게 하였다.

우리 힘으로 지금 당장 바꿀 수 없는 불가항력의 상황은 분명히 있다. 그러나 거기에 주저앉지 않고 상황을 받아들여 최대한 자신에게 도움이 되도록 만들 수 있는 여지 또한 우리 안에 있다. 어렵지만 앞으로 발을 내딛는 사람에게 미래는 가까워진다. 이 단순진리를 깨닫는다면 누구나 지금보다 훨씬 안정된 마음을 가지고 리더로서의 역할을 보다 성공적으로 수행할 수 있을 거라고 믿는다. 20년 넘는 조직생활을 통해 우리는 그런 변화를 수도 없이 목격했으며, 이 책을 읽고 있는 당신 또한 예외는 아니다.

우리는 이 책을 통해 당신 안에 아직 웅크리고 있는 씨앗이 발아하여 봉오리를 만들고 아름다운 꽃으로 피어날 수 있기를 기대한다. 이미 리더로 발돋움하여 여성 임원이 되고자 하는 분들에게는 놓치지 말아야 할 것에 대한 팁을 줄 수 있을 것으로 확신한다. 그것이 우리가 겪어 온 많은 일들을 공유할 수 있는 길이며, 지금껏 받아 온 많은 도움에 보답하는 길이라는 사실을 믿고 있다.

끝으로 이 책을 쓰도록 우리에게 동기를 부여하고 지원을 아끼지 않은 이화리더십개발원의 여러 분들과 추천사를 통해 격려해 주신 모든 분들, 오늘의 우리를 있게 해 준 가족들에게 진심으로 감사드린다. 그리고 이 책의 출판을 맡아 준 이지출판에게도 고맙다는 말을 전한다.

2007년 10월

서유순 · 오철숙 · 이영숙

●●● 개정판 머리말

당신의 선택에 격려와 도전이 되길

우리 인생의 절반이 넘는 시간 동안 한 개인의 일로 흘려버리기엔 너무 절실한 이야기가 많아서, 그 이야기들에 우리 세 사람의 코칭과 멘토링을 입혀 책을 낸 지 3년여가 되었다. 우리의 조촐한 꿈에서 시작된 그 작업이 많은 여성 리더들에게 좋은 조언이 되기도 했고, 또 어떤 분에게는 답을 주기도 했다. 그것은 우리 세 사람이 함께 꾸었던 꿈의 일부이기도 하다.

책이 출간된 후 많은 사건이 있었다. 미국발 서브프라임모기지 문제는 미국 국경을 넘어 세계 경제를 강타했고, 우리나라도 예외는 아니었다. 그 여파는 기존의 사업 관행을 더 강화하기도 하고, 또 어떤 부분에서는 조직을 더욱 긴축하게도 만들었다. 국내를 보면 정권이 바뀌어서 경제정책 기조에도 변화가 생겼고, 일하는 여성들을 둘러싼 환경에도 다양한 변화가 생겼다.

우리가 활동하고 있는 사단법인 WIN Women in INnovation만 봐도 초기에는 어렵게 모임을 시작했지만 지금은 정부를 비롯해 각계에서 관심을 가지고 우리 활동을 격려해 주고 또 지원해 주고 있다. 점점 치열해지고 있는 국제경쟁력에서 여성 인적자원을 국가경쟁력의 차별화 요소로 인식하기 시작했음을 피부로 느낄 수 있다.

초판을 낸 이후에도 우리의 코칭과 멘토링은 이어졌다. 그 과정에서 새롭게 제기된 상황 세 가지를 이번 개정판에 추가하기로 했다. 첫 번째는 사회적으로도 많은 관심을 불러일으키고 있는 '행복'이란 주제를 통해 일과 삶의 문제를 돌아보게 했고, 두 번째는 단순히 성공하고 싶다는 막연한 목표를 넘어 자신이 진정으로 원하는 '꿈'이 무엇인지 인식하면서 그 꿈을 위한 목표 달성의 중요성을 강조했다. 마지막으로 현재 상황에 안주하지 말고 끊임없이 새로운 지식과 실력을 업그레이드해야만 꿈과 목표를 이룰 수 있다는 기본을 다시 한번 일깨우고 싶었다.

자원이라고는 없는 우리나라에서, 지독한 경쟁을 뚫고 대학을 들어가고, 그보다 더 좁은 관문을 뚫고 사회에 나와 자신의 경력에 하나씩 벽돌을 쌓아가고 있는 후배 여성 리더들에게 다양한 문제와 가능한 해법을 나눠 주고 싶었던 우리 소망과, 초판에 보여 준 뜨거운 관심과 요청에 힘입어 개정판이 나오게 되었다.

어떤 회사에서는 이 책의 주제를 토론의 발제로 사용하고, 또 취업을 준비하는 여성들의 경력 개발서로 추천되어 활용되고 있다고 한다. 모두 우리 능력을 넘어서는 반가운 이야기들이고 책을 통한 우리의 '나눔’에 의미를 더해 주는 좋은 격려이다.

　이 책에 미처 담지 못한 새로운 문제 상황을 우리는 환영한다. 이 땅의 여성 리더가 더 멀리 더 깊이 가는 과정에서 부딪치는 문제라면 기꺼이 함께 풀어가고 싶다. 우리는 이 책이 여성 리더로서의 길을 선택한 독자들에게 힘이 되고 따뜻한 격려가 될 수 있기를 기대한다. 하지만 우리가 더 크게 기대하는 점은 이 책이 그들에게 ‘도전’이 되는 것이다.

2010년 7월

서유순 · 오철숙 · 이영숙

●●● 차례

제1장　당신의 가치와 선택

시험은 점점 어려워지는 법　　멀티플레이어가 되어야 하는 당신

우리 머릿속의 벽, 내 머릿속의 벽

김선영 대리는 협력사와 처음 업무 제휴를 하게 되어 관련 직원뿐만 아니라 사장도 참석한 킥오프 kick-off 회의에 다녀왔다. 협력사 사장의 첫인상이 좋았던 김 대리는 동료와 차를 마시면서 "그 회사 사장님, 옷도 아주 깔끔하게 입고 말솜씨도 좋더라" 하고 말했다. 그러자 동료는 눈을 반짝이며 "그래? 그 남자 젊어?" 하고 되물었다.

이런 뒷이야기는 주로 남성들이 여성을 두고 해 왔지만, 이제는 여성들의 자기 표현이 이처럼 적극적이고 거침없어졌다.

또한 남성의 전유물로 여겨오던 직업에 여성들의 진출이 활발히 이루어지고 있고, 남성들도 여성들이 차지하고 있던 직업에 거리낌 없이 도전하는 것은 더 이상 낯설지 않다. 직업에서의 남녀 간 장벽이 허물어지고 있는 상황에서 성역할 고정관념에 대한 이야기는 다소 시대에 뒤떨어진 것이 아닌가 생각할 수도 있겠다.

하지만 사람들의 머릿속에 들어 있는 고정관념은 쉽게 무너지지 않는다. 더욱 걱정스러운 것은, 리더의 자리를 꿈꾸고 있거나 이미 리더의 자리에 올라 있는 여성도 그러한 고정관념에 얽매여 있거나 주변 사람의 시선에 부담을 느끼고 있다는 것이다. 종종 언론의 주목을 받는 여성 리더십에 대한 기사를 보면 '업계 첫 여성 CEO' 또는 '여성 1호'라는 문구가 자주 등장하는데, 이러한 문구는 마치 '매우 드문 케이스예요, 일상적인 것이 아니랍니다' 라는 느낌마저 준다.

그러나 주변을 돌아보면 여성들에게 '그 정도 자리를 넘겨주면 충분하지 않느냐?' 는 남성들의 시각과 '이 정도만 해도 충분히 잘 하고 있는 거 아니야?' 라는 여성 자신들의 안주하는 마음이 더 앞으로 나아가는 데 걸림돌이 되는 내부적 한계를 만들고 있는 것은 아닌지 묻고 싶다.

25년 전 사회에 첫발을 내딛은 우리는 대한민국에서 여성으로서 임원이 된다는 것이 가능하리라는 것은 생각지도 못했다. 그건 있을 수도 없다는 생각을 하면서도 우리가 맡은 일에 최선을 다하면서 우리 머리 위에 엄연히 존재하는 그 벽을 향해 묵묵히 걸어왔다. 그 벽에 가까워짐에도 불구하고 벽은 절대 무너지지 않을 것이란 난공불락의 성을 우리 안에 담고 있었다.

그러나 절대 열릴 것 같지 않던 그 성은 문을 활짝 열어젖혔고, 우리는 그 성 안에서 또 다른 도전을 찾는 여정을 지금도 이어가고 있다. 상사가, 또는 밤늦은 시간까지 우리 이야기를 들어주던 남자동료가 어느 순간 얼굴을 바꾸어 "여성들은 안 돼"라는 말을 할 때 그 얼굴을 보며 심한 허탈감에 젖기도 했지만, 그들이 아무리 고개를 저어도 우리가 그 것을 인정하지 않는 한 그들의 말은 더 이상 한계가 되지 못한다는 사 실을 깨달았다. 벽은 외부의 누군가에 의해 만들어지는 것이 아니다. 다만 당신이 그것을 인정하는 순간에만 한계가 되고 벽이 될 뿐이다.

내 밖의 문제, 내 안의 문제

최근 결혼한 이민경 과장은 시어머니의 전화를 받고 내내 표정이 어 둡다. 주중에 있는 시댁 제사에 참석하지 못할 것 같아 제사비용이라 도 넉넉히 보내야겠다고 생각하고 있는데, 시어머니는 이 과장이 당연 히 휴가를 내고 제사 음식을 준비하러 올 거라고 단정하고 있었기 때문 이다. 게다가 "회사 일이 너무 바빠서 참석하지 못할 것 같다"고 말하는 순간 남편의 얼굴이 확 바뀌는 것을 보고 더 당황스러웠다.

직장생활을 하는 기혼 여성들은 대부분 이와 비슷한 경험이 있을 것 이다. 여성의 사회 진출로 남편과 아내가 함께 경제활동을 하게 되었지 만, '남자는 바깥일, 여자는 집안일' 이라는 생각이 사라지지 않아 일하 는 여성에게 이중고를 안겨주고 있다.

이러한 상황은 직장 내에서도 크게 다르지 않다. 많은 직장여성들이 자신의 업무와는 별개로 하루에도 몇 차례씩 차 심부름을 해야 하는 상 황에서 자괴감을 느끼거나, 남성 중심적인 회식문화에 대한 어려움을 토로한다. 이러한 상황은 여성의 성공적인 직장생활에 굴레가 되고 있으며, 능력 있는 여성이 직장을 포기하게 되는 원인이 되기도 한다.

하지만 과연 문제가 외부에만 있을까? 매니저 위치에 올랐으나 여러 가지 어려움을 겪고 있는 여성들의 이야기를 들어보면 겉으로 드러나는 고충은 가지각색이지만, 그 근원을 살펴보면 크게 자신감 부족과 리더십 부족이라는 근본적인 문제가 깔려 있는 경우가 많다.

흔히 여성 매니저들은 신입사원 때부터 주로 남성 매니저 밑에서 일해 왔기 때문에 오랜 기간 형성되어 온 '매니저상像'이 남성 쪽으로 치우쳐 있다. 그러다보니 막상 매니저가 되면 본래 자신의 모습과 다르게 행동해야 한다는 강박관념이 생기거나, 자신에게는 '카리스마' 있는 남성적 리더십이 없다는 생각에 자신감을 상실하게 된다. 또한 남녀 성 역할에 대한 고정관념이 있는 경우, 여성은 리더로서의 능력이 부족할 것이라는 편견을 스스로에게 투사해, 더 근본적인 문제를 찾기보다는 '원래 여자는 이런 면이 부족하다' 며 문제를 회피하기도 한다.

신입사원에서 매니저 위치까지 올라왔으나 '나는 리더감이 아니야' 라는 생각에 빠져 있는 당신이라면 한번 생각해 보자. 과연 당신이 말하는 그 '리더' 가 구체적으로 어떤 모습인지, 또 그렇게 되려면 무엇을 해야 하는지에 대해 심각하게 고민해 본 적이 있는가를. 당신의 마음이 어느 쪽을 향하는지는 당신만이 알고 있다. '나는 리더가 되려는 노력은 하고 싶지 않아' 쪽인지, 아니면 '나는 리더가 되는 법을 몰랐을 뿐이야' 쪽인지를 말이다.

여성계에 제3의 물결이 온다

교육 기회의 확대가 여성에게 새로운 지식을 습득하고 사회로 진출할 수 있는 기본 바탕을 제공한 제1의 물결이었다면, 결혼과 출산으로 인한 퇴직 또는 승진 제한 같은 여성을 차별하는 독소조항을 없애고 남녀고용평등법을 통해 여성의 사회 진출을 공공연히 막아 온 장벽을 허문 것이 제2의 물결일 것이다. 이 두 가지 계기는 여성계의 끊임없는 노력으로 이루어졌으며, 피할 수 없는 시대적인 흐름이기도 했다.

하지만 이전과는 다른 이유에서 촉발된 제3의 물결이 오고 있다. 이는 단순히 남녀 차별 요소를 제거하기 위한 평등주의적 당위가 아닌, 경쟁력이 모자란 기업은 도산하고 규모와 경쟁력을 갖춘 기업만이 살아남는 무한경쟁의 21세기 글로벌 시대에 전 세계 기업들은 국경을 넘어 경쟁을 벌이고 있다. 무한경쟁 상황은 한국 기업이라고 비켜가지 않으며 여성에게도 똑같이 적용된다. 여성에게도 기회를 균등하게 달라고 하는 남녀평등의 패러다임은 이미 무의미해졌다. 이제는 남녀 성별에 따른 양적 자리를 놓고 벌이는 경쟁이 아닌, 개개인의 능력에 따라 기회가 천차만별로 달라지는 질적 경쟁을 하는 시대이다.

학업이나 운동, 업무능력, 리더십에 있어서 남성과 다르지 않은, 혹은 남성을 추월하는 능력을 지닌 '알파걸'이라는 새로운 세대의 등장은 제3의 물결의 신호탄이라고 볼 수 있다. 이 알파걸들은 사회생활을 하기 위해서는 여성성을 버리고 반은 남자가 되어야 했던 어머니 세대와는 달리 전통적인 여성 역할에서 자유로운 사고방식을 가지고 있다. 또한 여성의 타고난 강점인 감성과 돌봄의 능력은 그대로 유지하고 남성적인 진취적 성향을 조화롭게 가진 양성성으로 무섭게 성공 잠재력을 보여 주고 있다. 실제로 교육 현장과 국가고시, 의료계에서는 여성 우세 현상이 남성만 주눅들게 하는 것이 아니라 이미 사회에 진출해 있는 기존 여성 세대 또한 무섭게 위협하고 있다.

이러한 상황임에도 아직까지 기업 내 여성 관리자 및 리더(임원)의 비율은 낮은 편이다. 미국의 경우에도 중간 직위에 있는 여성의 비율은 현저히 증가했지만 최고 지위에 있는 여성의 수는 아직 정체되어 있는 실정이다. 이는 중간 관리직에 있는 여성들이 가장 관심을 갖는 쟁점이 바뀌어야 됨을 시사한다고 볼 수 있다. 새로운 저력으로 밀려오는 이 여성들은 이제 어떻게 무한경쟁시대의 진정한 리더가 될 것인지에 대해 많이 고민해야 한다.

어떤 일을 어떤 시기에, 또 조직의 요구에 맞추되 자신의 리더십 스타일을 어떻게 만들어 갈지 선택하고 노력해야 한다. 여성 리더가 한참 더 배출되어야 하는 한국의 지금 상황이 바로 당신에게 기회일 수 있다. 가만히 앉아서 기업 내 분위기가 여성에게 불리하다는 핑계만 대고 있다가는 뛰어난 경쟁력을 갖춘 후배에게 당신의 자리를 빼앗기는 것은 시간 문제이다.

화장하는 여자

화장을 처음 하는 시기는 다르지만 직장생활을 하면서 화장을 하지 않는 사람은 드물다. 당신이 처음 화장을 배울 때를 떠올려 보자. 화장품이 모두 갖추어져 있다고 해도, 화장술을 많이 알고 있다고 해도, 실제로 자신의 얼굴에 직접 '그림'을 그려보지 않는 이상 자신에게 맞는 화장술은 찾을 수 없는 법이다. 집에서 떨리는 손을 최대한 고정시켜 아이라인을 그려보고, 최신 유행이라는 스모키 화장을 했다가 어색하다는 얘기도 들으면서 그렇게 당신만의 화장술을 만들어 갔을 것이다.

이 책에 나온 리더십 스킬도 마찬가지다. 여기에 열거된 스킬들은 당신이 리더라면 기본적으로 갖추어야 할 것으로 중요하지 않은 것이 없다. 하지만 당신을 돋보이게 하는 당신만의 화장술처럼, 당신의 상황에 맞는 것을 선택하는 것이 더욱 중요하다. 항상 풀 메이크업을 해야 할 필요는 없으니까. 다만 당신의 상황에 맞는 것이라면 그 스킬을 자신만의 것으로 만들기 위한 반복적인 노력이 필요하다는 것을 잊지 말도록!

훌륭한 리더가 되고 싶은가? 그렇다면 당신은 자신이 생각하는 훌륭한 리더가 어떤 것을 의미하는지에 대한 정의를 먼저 내려야 한다. 균형이 언제나 50 대 50을 의미하는 것은 아니다. 그것은 당신이 생각하는 행복의 기준에 따라 달라진다. 그래서 당신의 선택이어야 한다.

당신의 가치와 선택

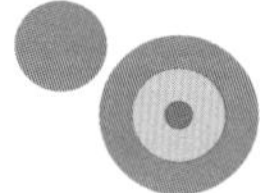

시험은 점점 어려워지는 법

당신이 여태까지 일해 온 시간을 생각해 보자. 진급이 빠른 외국계 회사나 작은 규모의 회사라면 5~6년 정도의 경력으로 '과장'을 눈앞에 두고 있을 것이고, 공기업이나 일부 보수적인 기업이라면 몇 년 간 더 일해야 승진 기회가 있을 것이다. 요즘같이 '5년이면 강산이 변한다' 는 시대에 살고 있는 당신은 강산이 변할 만큼 긴 시간을 직장인으로 살아오면서, 단순히 연차로 헤아리는 경력뿐만 아니라 맡은 분야에 대해 자신감도 있을 것이다. '이 정도면 명함을 내밀 만하다' 는 경지라고나 할까?

신입으로 입사해서 '어떤 일을 하게 될까?' 하고 두근거리는 마음으로 선배가 하는 일을 하나도 빠뜨리면 안 될 것처럼 쫓아다니기도 했을 테고, 나름대로 열심히 했다고 생각하고 자랑스럽게 내민 제안서가 혹평을 받기도 했을 것이다. 물론 사수에게 별일도 아닌 일로 '깨진' 순간도 있었을 것이다. 지금이야 그땐 그랬다고 과거의 모습을 떠올리며 웃음을 짓기도 하고, 또 매년 신입사원을 보면서 '쯧쯧, 나 때는 저런 식으로 일을 처리하는 것은 상상도 할 수 없지'라고 생각하겠지만, 돌이켜보면 당신이 걸어온 시간이 순탄하기만 하지는 않았을 것이다.

그래도 이만큼 와서 보니 남들에게 뒤지지 않고 어려운 일을 다 넘어선 것 같기도 하고, 별 볼일 없어 보이는 부장보다는 훨씬 잘할 수 있다는 생각도 들 수 있다. 하지만 실무자로서 당신이 만든 성공이 매니저로서의 성공에 대한 보증서가 되지는 않는다. 실무자였을 때는 칭찬을 먹고 살 수 있었고 그런 태평성대가 끝까지 이어질 것 같지만, 일단 과장 타이틀을 달면서부터 그 꿈은 여지없이 깨진다.

그때부터는 잘못한 것이 더 많이 드러나고, 많은 사람들에게 더 자주 노출되기 때문이다. 당신이 매니저의 위치로 올라갈수록 더 힘든 시련을 겪게 되고 시험은 점점 더 어려워진다. 올라가면 끝나는 것이 아니라, 그 자리를 지키는 것이 더 중요한 문제가 되기 때문이다.

당신도 언젠가는 임원의 위치에 오르게 될 것이다. 리더의 자리에 올라간다는 것이 단순히 명함에 박힌 글자가 대리에서 과장으로, 혹은 차장에서 부장으로 바뀌는 것만 의미하는 것이 아니라는 것을 기억해야 한다. 당신은 여태 몸담아 온 분야에서 전문가일지는 모르지만, 리더의 역할에서 보면 신입사원인 셈이다. 하지만 리더의 역할이란 새로 배워야 하는 시점에 와 있는 것임을 인정하는 사람을 드물다. '내가 쌓아 온 경력이 얼만데 신입이야?'라는 생각이 지배적이기 때문이다.

스스로 리더가 되기 위한 공부를 했거나 사내에 미래의 리더를 위한 교육이 있다면 좋겠지만, 현실은 대부분 그렇지 않다. 주변을 봐도 승진 시험을 열심히 준비하는 사람은 많지만, 승진 후 자신의 모습에 대해 진지하게 생각해 보는 경우는 드물다. '연봉이 오르면 차를 바꿀까?'라거나 '이제 곧 내 방이 생긴다!' 하고 좋아하는 경우는 많지만.

당신은 지금 꿈꾸듯 미래를 상상해 볼 때가 아니다. 어떤 리더가 되고 싶은지에 앞서 리더가 되기 위해 무엇이 필요한지 파악하는 것이 필요하다. 이만큼 전진해 왔다면 뒤를 돌아보고 더욱 어려워질 시험을 통과하기 위한 준비를 해야 할 때가 되었다.

멀티플레이어가 되어야 하는 당신

인생에서 중요한 것이 무엇일까? 건강, 명예, 가족, 친구… 어느 한 가지가 가장 중요하다고 말할 수는 없다. 다만 사람마다 각기 다른 가치관을 가지고 있기 때문에 자신이 가장 중요하다고 여기는 것은 있을 것이다. 흔히 "건강이 가장 중요하지"라고 말한다. 하지만 여기서 건강은 기본적으로 식구들끼리 화목하고, 의식주 걱정 안 할 정도의 돈도 있고… 라는 식으로 다른 가치가 함께 들어가 있다는 점을 간과해서는 안 된다.

"정말 가족이 모두 건강하기만 하다면 단칸방에서 살아도 좋아?"라는 물음에 대해, 지금 아픈 가족을 둔 사람이 아닌 이상 쉽게 그렇다고 대답할 사람은 드물 것이다. 즉 인생에서 단 하나의 가치만 이루면 된다고 생각하는 사람은 없다는 것이다. 우리는 자신이 중요하게 여기는 여러 가지 가치를 충족하고자 하고, 이는 삶을 살아가는 데 있어서 내부적인 동력이 된다.

당신의 삶에는 개인적 가치관이라는 내부적인 동력뿐만 아니라, 주변 사람이 당신에게 거는 기대치가 외부적인 동력으로 작용한다. 직장 경력이 늘어가고 있다는 것은 당신이 나이를 먹고 있다는 의미도 된다. 집안 행사에도 경제적 지원을 하게 되고, 부모님에 대한 책임감도 생기게 된다. 거기다 결혼을 해서 가정을 이루면 양쪽을 신경 써야 하고, 아내라는 그리고 어머니라는 새로운 역할이 뒤따른다. 당신에게는 시간이 지날수록 늘어가는 책임과 의무를 무리 없이 해 나가야 하는 숙제가 주어지는 것이다.

하지만 당신이 해야 할 일이 많아진다고 당신의 시간이나 체력이 함께 늘어나지는 않는다는 점이 문제이다. 그렇기 때문에 가정생활이건 직장생활이건 자신이 무엇을 소중히 여기는가를 진지하게 생각해 보는 시간을 갖는 것이 중요하다. 스스로를 행복하게 만드는 균형 있는 삶을 살기 위해서는 어느 수준으로 균형을 맞출 것인지를 생각해 볼 시간이 필요하다는 것이다.

열 문제 중 아홉 개를 맞혔다면 잘 했다는 생각과 동시에 한 문제만큼의 부족한 부분은 채워야겠다는 새로운 목표가 생기지만, 시험지에 몇 문제가 있는지 모르는 상태에서 아홉 문제를 맞혔다면 잘 했는지 못 했는지조차 알 수 없는 상태이므로 불안감이 생길 수밖에 없다.

훌륭한 리더가 되고 싶은가? 그렇다면 당신은 자신이 생각하는 훌륭한 리더가 어떤 것을 의미하는지에 대한 정의를 먼저 내려야 한다. 균형이 언제나 50 대 50을 의미하는 것은 아니다. 그것은 당신이 생각하는 행복의 기준에 따라 달라진다. 그래서 당신의 선택이어야 한다.

가정과 직장, 만날 수 없는 평행선?

외국계 회사에 다니는 이소영 과장은 출산 휴가 후 회사에 복귀하면서 시어머니에게 아이를 맡겼다. 낯선 사람보다 할머니가 아이를 잘 봐 주실 거란 생각에서 결정한 일이었다. 하지만 아이를 맡기면서 겪은 마음고생 때문에 둘째는 언제 갖느냐는 말에 매번 손사래를 친다. 아이가 울어서 안 아주면 버릇없어진다고 야단치고, 아기 피부가 건조한데 짓무른다고 파우더를 발라 놓는 경우도 많았다. 어쩔 수 없이 아이를 맡겨야 하는 처지라 말도 못하고, 주말이면 아이를 안고 운 적이 한두 번이 아니다.

또 시어머니는 뵐 때마다 손목이 시큰거리고 허리가 아프다며 앓는 소리를 하여 연로한 부모님께 죄를 짓는 마음도 든다. 게다가 아침저녁으로 출퇴근 시간에 맞춰 집을 옮겨 다녀야 하는 아이가 잠투정을 해 매일 잠을 설치는 남편도 많이 지쳐 있다. 어렵게 입사한 회사라 그만두고 싶지는 않지만, 이런 식으로 온 가족을 고생시키면서까지 직장생활을 해야 하나 회의가 든다.

한지은 차장은 큰아이가 초등학교에 들어간 후 고민이 생겼다. 학교 급식이나 학부모회의 등 참여해야 할 일이 많아졌지만, 매번 월차를 낼 수가 없는 것이 문제였다. 어느 날 퇴근하고 집에 가니 아이가 시무룩한 표정으로 말했다.

"다른 애들 엄마는 급식도 해 주고 청소도 해 주는데, 엄마는 오기 힘들어?"

아이에게 엄마는 회사에 가야 하기 때문에 매번 갈 수 없다고 말하긴 했지만, 마음이 편치 않았다.

회사에 중학생 아이를 둔 선배에게 조언을 구해 보았다. 하지만 돌아온 답은 더 암울했다. 자주 만나는 학부모끼리 정보를 교환하기 때문에 학원이나 아이들 학교생활에 대한 정보를 얻을 수가 없고, 같은 학원에 다니는 아이끼리 어울려 다녀 친한 아이도 자연히 멀어진다는 것. 아이 교육을 위해 무리해서 이사까지 했는데, 엄마가 제대로 뒷바라지를 하지 못하는 것 같아 고민이라고 했다.

그래서 회사에서는 집과 아이 걱정을 하게 되고, 집에서는 회사일 걱정을 하는 악순환에 시달리다 보니 일을 그만두어야 하는 것이 아닌가 하는 생각까지 든다. 하지만 회사 임원을 목표로 정말 열심히 일해 왔다. 내년에 있을 승진을 생각하면 이제 원하던 것이 손에 잡힐 듯 가까이 왔는데, 이런 기회를 놓칠 수도 없다.

돈이 중요해? 아이가 중요해?

이런 문제가 닥치면 "돈이 중요하냐? 아이가 더 중요하지" 하며 결국 직장을 그만두는 경우가 많다. 한국사회과학데이터센터가 전국 2,30대 주부 1천 명을 대상으로 한 '육아환경 실태조사' 결과를 보면, 회사를 다닌 적이 있는 주부 10명 중 8명은 자녀 양육을 위해 직장을 그만두었다고 대답한 것으로 나타났다. 그리고 현재 직장을 다니고 있는 여성의 53.2%가 자녀 양육 때문에 직장을 포기할까 고민한 적이 있다고 응답했다.

최근 일부 대기업에 사내 보육시설이 있는 곳이 있지만, 혜택을 보는 직장여성은 지극히 한정되어 있어 대다수의 여성들은 자녀 양육을 알아서 해결할 수밖에 없는 것이 현실이다.

아이를 잘 키우는 것은 누구도 반박할 수 없는 중요한 문제이다. 하지만 당신은 다가치多價値의 시대에 살고 있고, 자본주의 사회에서 돈이 중요한 역할을 하고 있다는 것도 알고 있다. 실제로 아이가 만3세 지나면 맡길 수 있는 보육시설이 있기 때문에, 육아를 이유로 퇴사한 뒤 3년 후에 경제적 이유에서건 자아실현 때문이건 재취업에 나서는 여성들이 많다는 것에 주목할 필요가 있다.

일반적으로 육아 때문에 직장을 포기하는 여성은 아이를 키우고 난 다음에 직장을 구하는 것이, 그간 쌓아 온 경력도 있고 눈높이를 조금 낮추면 취업이 아주 어렵지는 않을 거라는 생각을 가지는 경향이 있다.

하지만 현실은 녹녹하지 않다. 기혼 여성의 재취업 성공률은 미혼 여성에 비해 턱없이 낮다는 것이 여러 데이터를 통해 밝혀지고 있다. 이전 경력과 다른 분야이거나 단순직종 외에 일자리를 구하기가 그만큼 힘들다는 뜻이다. 그래도 선뜻 퇴사를 결정할 것인가?

어려운 상황이라는 것은 알지만 포기하기는 이르다. 당신이 원하는 것이 무엇인지, 당신은 어떤 사람인지에 대해 충분히 고민을 한 후에 결정해도 늦지 않다. 당신의 고민에 동참할 다음 몇 페이지를 더 읽어보자.

나는 현모양처형인가, 커리어우먼형인가?

세상에는 다양한 사람이 산다. 집안일에 비상한 능력을 보이는 사람도 있고, 하루라도 집에 있으면 몸살이 난다는 사람도 있다. 자신이 현모양처형이라면 오히려 고민할 것이 없다. 남들이 사먹는 김치를 직접 담가먹고, 아이들 옷을 만들어 입히고, 소파를 철마다 커버링하는 사람에게 직장에 나가라고 하는 것은 그 사람의 본성을 거스르는 일이기 때문이다. 일에 대한 열정을 가지고 있는 직장여성을 집에 들어앉히는 것도 물론 마찬가지.

하지만 이러한 예는 스펙트럼의 양 극단에 있는 사람에 대한 이야기일 뿐이다. 스펙트럼 안에는 무수한 지점이 있고, 당신이 어느 곳에 위치해 있는지에 대한 판단은 자신만이 할 수 있다. 다만 당신이 이 책을 읽고 있다는 것을 고려해 볼 때, 적어도 당신은 일을 하고자 하는 열망을 가진 커리어우먼형일 것이라 짐작된다. 당신이 생각하는 '행복한 삶'에 따라서 각자 가정생활과 직장생활의 비중을 조절하는 방식이 달라지겠지만 말이다.

비중의 차이는 있을지언정 직장생활을 유지하고 싶다면, 마찬가지 방법으로 어떤 엄마가 되고 싶은지 생각해 볼 필요가 있다. 이 책은 양육법에 대한 책이 아니지만, 당신이 직장생활을 잘 해 나가기 위해 직장 내 목표가 필요하듯 가정 내에서도 스스로 정해야 하는 목표가 있다는 것을 말하고 싶다. 이 말은 직장생활을 충실히 하면서도 매일 오후 아이와 충분히 놀아줄 수 있는, 양쪽을 다하는 비현실적인 엄마를 생각하라는 것이 아니다. 그것은 그저 당신의 희망사항일 뿐, 현실의 어려움을 타개하는 데에는 아무런 도움이 되지 못한다.

전업주부가 아이에게 해 주는 것만큼 못한다고 부족한 엄마라고 자책할 필요 없다. 부족한 면을 보자면 한도 끝도 없다. 가족에게 해 주지 못하는 것을 계속 상기하면서 괴로워할 시간에, 당신이 해 줄 수 있는 일을 생각해 보자. 우선 일을 함으로써 가족에게 기여하는 바가 있다는 점을 잊지 말자. 당신은 가족들에게 꼭 필요한 존재이면서 가족에게 힘이 되는 사람이다. 쓸데없는 죄책감으로 자신을 괴롭힐 필요는 없다. 전업맘과 워킹맘working mom은 다르다는 것을 받아들이고, 워킹맘을 위한 정보에 집중하는 것이 좋다. 워킹맘 커뮤니티도 많으므로 굳이 시간을 내어 오프라인 모임에 가지 않더라도 조언을 얻을 곳은 충분하다.

그리고 짧지만 질적으로 듬뿍 사랑을 나눠 주도록 하라. 그 사랑이 아이와 당신 사이에 든든한 다리가 되어 주기 때문에 회사에서 일하는 그 시간에도 아이의 마음속에는 당신이 항상 함께 할 것이다.

가족은 같은 배를 탄 공동운명체

당신이 직장생활을 지속하는 한 아이들과 시간을 함께 할 수 있는 방법은 없다. 주말에도 아이와 놀이동산이나 박물관에 가지 못하는 경우가 생길지도 모른다. 하지만 불가능한 일을 못하고 있다고 괴로워하는 것은 무의미할 뿐 아니라, 당신의 불안한 마음과 죄책감이 아이에게 고스란히 전해진다. 불행한 엄마 밑에 있는 아이가 안정감과 행복감을 느낄 수 있을까? 당신에게 필요한 것은 일단 긍정적인 사고이다. 못해 주는 것보다 해 줄 수 있는 것을 생각하자.

긍정적인 사고와 함께 권하고 싶은 것은 '발상의 전환'이다.

우선 아이를 꼭 당신이 챙겨야 하는 것은 아니다. 직장을 다니면서 아이를 보는 것은 사실 불가능하다. 그렇다면 어떤 대안이 있을까? 부모님에게 부탁하거나, 아이를 봐 주는 사람을 구하는 방법도 있다. 부모님이 연로하실 경우 일하는 분을 함께 두는 것도 방법이다. 맞벌이 부부가 많아지면서 베이비시터 전문업체가 늘고 있다는 점은 희소식이다.

또한 사람을 쓰면서 지불해야 하는 금전적인 부분에 대해 아까워하지 말자. 사랑하는 아이에 대한 비용이 아닌가. 현재 나가는 돈은 단순한 소비가 아니라, 아이를 위해 보다 좋은 환경을 만들고 당신의 직장생활을 성공적으로 유지할 수 있게 해 주는 투자이다.

아이가 어느 정도 자랐다면 가족회의를 통해 당신의 입장을 알리고 도움을 요청하는 것도 좋은 방법이다. 그저 "엄마 일이 많아서 힘드니까 너희가 이해해 줘." "엄마가 일하느라 힘든데 당연히 도와 줘야지." 이런 식의 대화를 하라는 것이 아니다. 지금 회사에서의 당신의 위치와 어떤 목표를 가지고 일을 진행하고 있는지 남편과 아이들에게 정확히 알림으로써 당신의 목표를 가족과 공유하라는 것이다.

당신을 하나의 제품으로 보고, 가족은 당신의 프레젠테이션을 원하는 클라이언트라고 생각해 보자. 이러한 목표 공유는 스스로에게도 목표를 더욱 명확히 하는 효과가 있으며, 서로의 목표를 위해 가족이 함께 노력해야 한다는 의식을 심어 주게 된다. 가족을 조력자로 두는 것은 실제 생활에서 당신이 해야 할 일을 덜어 줄 뿐만 아니라 심리적으로도 큰 힘이 될 것이다.

이러한 모든 과정은 남편과 아이들의 목표 또한 함께 논의하고 공유하는 장場을 마련하는 전기가 되며, 특히 아이들에게 좋은 경험이 된다. 일하는 부모에 대해 아쉬운 부분이 없을 수는 없지만, 받아들여야 하는 현실로 생각하게 될 뿐 아니라 목표를 가지고 일하는 부모를 긍정적인 롤 모델role model로 삼는 계기가 된다.

CNN이 미국 사회에서 성공한 유명인을 분석한 결과, 그들의 공통점은 어린 나이에 확실한 목표를 정하고 일찌감치 두각을 나타냈다는 점이다. 오프라 윈프리는 다섯 살 때 초등학교에 들어가겠다고 졸랐고, 입학한 지 1년 만에 2학년 과정을 뛰어넘었으며, 타이거 우즈는 여섯 살 때 스스로 동기를 부여하는 카세트테이프를 들으며 자기 훈련을 시작했다고 한다.

이러한 명확한 목표의식과 추진력은 환경적인 요인으로 인해 더욱 강화되는데, 목표 설정과 실패를 두려워하지 않도록 격려해 주는 것이 중요하다. 부모가 정확한 목표를 설정하고 앞으로 나아가는 모범을 보이는 것이, 유명한 학원을 백 군데 보내는 것보다 나은 효과를 볼 것이다.

Let it be

결국 당신은 지금 가장 중요한 한 가지를 선택하고 다른 것들을 희생해야 하는 상황에 있는 것이 아니라, 가정과 직장 간의 '균형'을 설정하는 상황에 처해 있을 뿐이라는 것을 기억하자. 그 균형에 따라 가정과 직장을 함께 병행하려면 어떤 방법들이 있는지 여러 가지 대안을 생각해 보고 시행착오를 줄이는 고민을 해야 한다.

그렇기 때문에 가정과 직장 사이에서 고민하는 당신은 스스로에게 이렇게 질문해야 한다.

'나는 어떻게 살고 싶은가?' 이에 대해 진지하게 고민하고 답을 찾는 시도를 통해서 가정과 직장 간의 균형을 스스로 정하는 것이 가능해질 것이다.

또한 이 균형은 한번 정해지면 평생 변하지 않는 불변의 상수常數가 아니다. 여기서 가장 중요한 것은 당신이며, 당신에게는 'or thinking'이 아닌 'and thinking'이 필요한 시점이다.

One Point Lesson

**무엇보다 중요한 것은 가정과 직장에서
모두 성공하겠다는 본인의 의지이다.**

매니저와 리더, 같으면서 다른 세계

다국적 기업의 여성 과장 1호인 서인후 씨는 신제품 런칭을 잇따라 성공시키면서 팀장으로 승진했다. 처음 과장이 되었을 때는 경력도 있고 실적도 좋았기 때문에 자신감이 하늘을 찔렀다. 잘하는지 두고 보겠다는 듯 서먹하게 대하는 동료 남자 팀장들의 시선도 별 문제가 되지 못했다. 특히 업무시간에 부하직원들과 농담이나 하는 최혁진 팀장쯤은 라이벌에도 들지 않는다고 생각했다.

하지만 최근 들어 자신이 팀장 역할을 제대로 수행하고 있는지 의문이 생기기 시작했다. 자신감이 조금씩 사라지면서 부하직원이나 동료 팀장의 말과 행동 하나하나에 신경을 쓰느라 업무 진행에도 차질이 생길 정도이다. 평소 잘 알고 있다고 생각한 직속 부하직원 김 대리가 경쟁사로부터 스카우트 제의를 받았었다는 것을 직원 휴게실을 지나가다 듣게 된 이후 그런 생각이 머리에서 떠나지 않았다.

그런데다 최 팀장은 이미 그 사실을 알고 있었고, 김 대리의 이직을 만류한 사람도 그라는 사실은 더 받아들이기 힘들었다. 김 대리를 불러 이유를 물어봤지만, "서 팀장님은 바쁘신 것 같아서요"라는 대답만 돌아왔다.

서 팀장은 누가 뭐라 해도 업무적인 면에서 스스로 매니저로서 손색이 없다는 확신이 있었다. 부하직원의 업무에 대해 모두 파악하고 있고, 종종 전문지식을 필요로 하는 직원들이나 타 부서에서 물어오면 항상 답을 할 수 있었기에 부하직원들로부터 신뢰를 받고 있다고 생각했다.

그런데 최근 상사와 성과평가 미팅 때, 업무적으로는 믿을 만하지만 팀을 이끄는 부분은 약하다는 말을 들었다. 열심히 뛰어온 그녀로서는 도저히 받아들이기 어려운 말이었다. 사실 매니저로 승진하면서 실적에 대한 부담 때문에 사람들과 어울리는 시간을 줄이고, 산더미처럼 쌓인 업무를 처리하는 데 대부분의 시간을 보냈다. 그로 인해 다른 팀과의 회식은 물론 같은 팀원의 생일이나 업무 마무리 등을 축하하는 자리를 마련하지 못한 것은 인정한다. 하지만 업무가 아닌 부수적인 부분 때문에 자신이 그런 평가를 받는다는 것이 못마땅하기만 하다.

리더는 '성과' 와 '사람' 의 두 발로 선다

서 팀장은 업무적인 면에서는 스스로 만족하고 있을 뿐만 아니라 외부에서도 인정을 받고 있다. 하지만 리더로서의 역할을 업무적인 면에만 한정시킨 것이 실수였다. 팀원들과의 관계를 소홀히 한 결과 팀장으로서의 역할을 제대로 수행하지 못했다. 게다가 은연중에 무시해 왔던 최 팀장보다 자신이 못하다는 생각에 자괴감마저 들었다. 하지만 리더라는 말을 사전적 의미만으로 살펴보더라도, 서 팀장이 생각했던 것처럼 부하직원을 이끄는 것이 부수적인 것만은 아니라는 사실이다.

리더는 말 그대로 지도자, 곧 어떤 목적이나 방향으로 다른 사람을 이끄는 사람이다. 리더라는 단어가 성립되기 위해서는 '목표' 가 필요하며, 그와 동시에 그 목표를 향해 함께 따라와 줄 '사람' 이 필요하다. 사막에서 혼자 오아시스를 찾아가는 당신에게 '목표' 는 있지만 함께 오아시스를 향해 갈 사람이 없는 이상 당신은 리더가 될 수 없다. 사막의 생존자는 될 수 있겠지만.

또한 '사람' 이라는 것은 당신이 리더가 되기 위한 충분조건으로서만 의미가 있는 것이 아니다. '사람' 은 단순히 당신의 지시를 따르는 수동적인 존재에 그치지 않고, 당신과 함께 목표를 수립하고 그 목표를 향해 가는 동안 발생할 수 있는 많은 상황을 함께 헤쳐 나가는 능동적인 존재이므로 더욱 의미가 있다. 당신이 리더로서 팀 내부에서 뿐만 아니라 다른 팀장과의 관계, 윗사람과의 관계를 원만하게 한다는 것은 자신에게만 작용하는 것이 아니라 팀에도 긍정적인 영향을 미친다.

관계가 풍부하다는 것은 당신과 함께 일하는 두뇌가 많다는 것이며, 두뇌가 많다는 것은 의사결정과 문제해결에 필요한 지식이 많다는 것을 뜻한다. 당신이 경영자라고 가정해 보자. 두 명의 팀장 중 한 명을 승진시켜야 한다고 했을 때, 다섯 명의 팀원 중 두 명의 아이디어만으로 팀을 이끌어 가는 팀장과 다섯 명의 팀원 모두의 아이디어를 활용하는 팀장 중 어느 쪽을 선택하겠는가?

한쪽 발로만 서는 것에는 한계가 있다는 사실을 기억하자. 당신에게 두 개의 발이 있는데 굳이 한쪽 발로 서서 비틀거릴 필요는 없다. 양쪽 발로 안정적으로 서는 것에 집중하자.

매니저 vs. 리더

서 팀장은 일을 잘 하는 훌륭한 매니저임에는 틀림없지만 부하직원의 성공을 이끌어 주는 리더로서는 가야 할 길이 먼 사람이다.

매니저와 리더의 차이점은 무엇인가? 그 사람의 직책으로 매니저인지 리더인지를 구별해 낼 수는 없다. 매니저와 리더의 차이는 오로지 하는 일의 차이에서 나온다. 즉 매니저는 일을 제대로 되게 하지만 do things right 리더는 그와 동시에 제대로 된 일을 만들어서 한다 do the right things. 매니저는 주어진 매뉴얼에 따라 일을 제대로 하게 하는 데 치우치는 반면, 리더는 새로우면서도 올바른 길과 방향을 개척해 내는 사람이다.

　남캘리포니아대학 교수이자 리더십연구소를 설립한 워렌 베니스는 리더와 매니저의 근본적인 차이점을 다음과 같이 열거했다.

● 매니저는 관리를 하지만, 리더는 혁신을 한다.
● 매니저는 모방하지만, 리더는 창조한다.
● 매니저는 유지하지만, 리더는 개발한다.
● 매니저는 시스템과 구조에 초점을 두지만, 리더는 사람에게 초점을 둔다.
● 매니저는 통제에 의존하지만, 리더는 신뢰를 고취시킨다.
● 매니저는 짧은 시각을 가지지만, 리더는 긴 전망을 갖는다.
● 매니저는 '언제'와 '어떻게'를 묻지만, 리더는 '무엇'과 '왜'를 묻는다.
● 매니저는 수직적이지만, 리더는 수평적이다.
● 매니저는 현상을 유지하려 하지만, 리더는 그것에 도전한다.
● 매니저는 전형적인 병사이지만, 리더는 몸소 일하는 사람이다.
● 매니저는 과업이 적절하게 되도록 하지만, 리더는 적절한 과업을 한다.

　모든 상사가 리더로 평가받지는 않는다. 당신이 겪어 본 여러 명의 직장 상사를 생각해 보자. 회의 때마다 반짝이는 아이디어를 던져 부하 직원을 자극하고 솔선수범해서 업무를 진행하는 상사도 있지만, 부하 직원을 믿지 못하고 하나하나 다 챙기는 상사도 있었을 것이다. 매니저로 남을 것인가, 아니면 리더가 될 것인가, 당신의 선택이다.

리더의 스킬

뚜렷한 목표가 있고 함께 할 사람이 있다고 바로 리더가 되는 것은 아니다.

부하직원과의 관계 설정에서부터 커뮤니케이션을 통해 갈등을 관리하고 적절한 수준으로 자신을 홍보하는 셀프 마케팅에 이르기까지, 당신이 습득해야 할 리더의 스킬은 매우 다양하다. 물론 이러한 기술을 직접 몸으로 부딪히며 배우는 방법도 있지만, 오랜 시간 시행착오를 통해 구축된 선배 리더들의 경험으로부터 리더십 스킬을 배움으로써 시간을 절약할 수 있는 기회를 십분 활용하는 것도 좋을 것이다.

또 한 가지 명심해야 할 점은, 아는 것만으로는 부족하다는 것이다. 실행이 뒷받침되지 않는 지식은 열매를 맺지 못하는 꽃과 같다. 하루에 한 번이라도 리더십 스킬을 활용하는 습관을 들이자. 당신이 하룻밤 사이에 멋진 근육이 만들어지지 않듯이 매일 조금씩 실천하는 것을 통해 리더에 가까워질 수는 있다고 우리는 단언한다.

이 책은 당신이 선택한 리더로 가기 위한 길을 업무능력, 커뮤니케이션, 리더십, 커리어 관리 등 네 부분으로 나누어 열어 보이려 한다.

One Point Lesson

리더의 길, 끊임없는 실천이 중요하다.

행복한 리더가 되라

영업관리부 한은미 차장은 사람은 독립적이고 주체적이어야 한다는 믿음을 가지고 있다. 자기 일은 스스로 처리할 수 있어야 하고, 남을 도와 줄 수 있으면 더욱 좋다. 그것이 생활이든 일이든 한 차장은 혼자서도 잘 할 수 있어야 한다고 생각해 왔다. 그래서 웬만하면 부하직원들에게 과도한 일을 넘기지 않으려고 노력해 왔다.

오늘도 늦은 시간 커피를 한잔 마시려고 나갔다가 복도에서 경리부 안 대리를 만났다.

"어머 한 차장님, 오늘도 야근이세요? 그거 워커홀릭이에요."

순간 한 차장은 화들짝 놀랐다. 거의 한 달째 야근이다.

산더미처럼 쌓인 일을 하나 치우면 두 개가 기다리고 있다. 또 부서 회의 때마다 참석해서 열심히 떠들고 나면, 회의에서 내린 결정 때문에 다른 사람 업무에도 협조를 해야 한다. 그러고 나면 일과가 끝나고 남들이 퇴근한 후에야 정작 본인 업무를 할 수가 있다.

그렇게 일을 끝내고 나면 새로운 과제가 또 기다린다. 누구에게도 업무 협조를 받기 어려운 과제는 늘 한 차장 몫이다. 한동안은 대단한 성취감이 있었다. 또 자신이 없어서는 안 될 사람이라는 것에 위안을 받기도 했다. 그래서인지 한 차장은 승진을 거듭하여 여성으로는 처음으로 차장이 되었다.

안 대리가 던진 '워커홀릭'이라는 말이 갑자기 쓰나미처럼 크게 요동을 치며 한 차장에게 다가왔다. 사실 오늘 아침만 해도 초등학교 2학년인 아들녀석이 울고불고하는 통에 무거운 마음으로 겨우 출근을 했다. 어제도 밤늦게까지 야근을 하여 아침에 신신당부한 학교 준비물을 마련해 주지 못했다. 출근하는 그녀를 붙잡고 선생님에게 혼난다며 준비물을 챙겨 달라고 한바탕 난리를 쳤다. 다른 엄마들은 준비물뿐만 아니라 방과후에 맛있는 간식도 해 주는데 엄마는 새엄마냐고 떼를 쓰는 거였다. 설상가상으로 남편도 요즘 감사 때문에 겨우 집에서 잠만 자고 나가 버려 어떻게 해 볼 도리가 없어 우는 녀석을 뒤로 하고 나온 터였다. 열심히 한다고 하는데, 갑자기 불행하다는 생각이 확 밀려왔다.

13년간 최선을 다해 쉬지 않고 일한 한 차장은 완전히 녹초가 되어 사표를 던지고 싶다. 더 이상 이런 생활을 유지하는 것에 어떤 흥미도 느낄 수 없고 건강마저 잃을 것 같다.

행복한 마음으로 일하기

그야말로 한시도 쉬지 않고 누구보다도 열심히 일한 당신은 이제 일과 가정에서 완전히 녹초가 되어 버렸다. 회사에서도 인정받았고 가정도 탄탄하게 잘 지켜온 것 같아 주변에서는 다들 부러워하는 커리어우먼인 줄 알았던 당신은 이제 커리어고 뭐고 다 그만두고 싶어한다. 계속 머리도 아프고 소화도 제대로 안 되고 목은 뻣뻣하고. 이런 생활을 계속하다가는 건강도 잃겠다고 한다.

물론 직장과 가정을 지키는 일이 녹녹치 않아서 많은 여성들이 결혼을 하고 아이를 낳고 또 아이가 학교를 가고 하는 동안에 직장을 그만두는 경우가 많다. 그래도 당신은 13년간 꿋꿋하게 최선을 다해 여기까지 온 결과 직장에서 첫 번째 여성관리자로 승진한 것이다. 물론 임원까지 가려면 아직도 가야 할 길이 많이 남았지만.

유능한 사원으로 계속 인정받기 위해 한 달째 야근을 마다하지 않고 최선을 다해 빈틈없이 일을 하였다. 그러나 회사에서는 갈수록 당신이 감당할 수 없을 정도로 일이 쌓이고, 가족은 가족대로 불만을 쏟아내고 그 사이에서 당신은 이제 한계에 달한 셈이다. 더 이상 물러날 곳도 없고 더 이상 혹사시킬 에너지도 남아 있지 않은, 그야말로 당신이 선택할 유일한 돌파구는 사표를 던지는 것뿐이라는 절박함이 있었을 줄 안다.

여기서 당신이 놓치고 있는 것이 무엇인지 알아야 한다. 당신이 그 동안 쌓아 온 성벽은 단지 안 대리가 '워커홀릭'이라고 지적한 순간 와르르 무너져 버렸다. 열심히 쌓아 온 성벽이 이렇게 쉽게 무너져 버린 이유가 어디에 있는지 살펴봐야 한다. 물론 지금 힘든 일들이 한꺼번에 몰려와서 당신 마음을 더욱 힘들게 하고 있을 것이다. 그러나 당신이 만든 성벽은 단지 성공하겠다는 마음만 가지고 성급히 쌓아 온 게 아닌지 냉정하게 따져 봐야 한다.

그 동안 당신은 뭘 위해서 열심히 일하고 있었는지, 성공인지 혹은 행복인지를 생각해 보자. 부장이 되면 행복하겠지, 연봉 1억이 되면 행복하겠지 하며 성공의 척도를 외적인 데 두고 열심히 일만 한 것이 아닌지 돌아보라. 그러나 남들 보기에 성공했다고 생각되는 사람들 중에도 본인은 아직 멀었다고 생각하는 사람과 성공은 했으나 전혀 행복하지 않은 사람이 얼마나 많은지 모른다.

행복은 어떤 조건이 갖춰졌을 때가 아니라 당신이 그저 선택했을 때 가질 수 있다. 당신이 쌓고 있는 성벽에 행복한 마음도 끊임없이 같이 쌓아 주어야 한다. 그래야 튼튼한 성벽을 쌓을 수 있다.

행복한 공간 만들기

어린 시절부터 경쟁 논리 속에서 성장해 온 우리는 학교를 졸업하고 직장에서 커리어의 첫발을 내딛고도 경쟁에서 이기기 위해 최선을 다해 살아간다. 그러다 한번 벽에 부딪치면 단번에 와르르 무너진다. 지금도 리더가 되기 위해 경쟁의 옷을 입고 하루하루를 살아가는 '젊은 그들'이 많다. 그러나 그렇게 리더가 된 모든 사람이 다 행복한 것은 아니다. 어떤 리더가 행복한 리더이고 의미 있는 리더인가?

성공을 향해 무조건 달리기보다 성공을 넘어 자신이 가질 수 있는 '의미'와 그 성공의 '가치'를 생각해 낼 수 있는 사람만이 행복을 느낄 수 있는 리더가 될 수 있다.

이러한 행복한 리더가 되기 위해 끊임없이 행복 에너지를 충전시켜 줄 당신만의 공간을 만들어야 한다. 당신이 지치고 힘들 때 언제든지 그곳에 들어가면 다시 그 지친 에너지를 행복 에너지로 전환시켜 줄, 그러면서도 쉽게 들어갈 수 있는 당신만의 공간을 지녀야 한다. 명상도 좋고 멘토나 마음이 맞는 친구와의 만남 혹은 취미생활도 훌륭한 공간이 될 것이다.

이렇게 하면 마음의 휴식을 취하면서 새로운 에너지를 충전시킬 수 있을 것이다. 성공한 리더들을 보면 이렇게 쉬어가는 각자의 공간을 가지고 잘 활용하고 있는 것을 볼 수 있다. 무엇을 함으로써, 또는 누구를 위해서가 아닌 오직 자신을 만나고 돌아보고 또 다독거릴 수 있는 그런 시간과 공간을 만들어 두라.

행복한 리더가 되기 위한 팁

- 모든 것을 다 잘할 수 있다는 생각을 버려라.

- 일과 삶 가운데 우선순위를 정하는 습관을 갖자.

- 중요한 것에 집중하라.

- 덜 중요한 일이 잘 안 되더라도 자신을 너그럽게 대하라.

- 행복은 우주가 우리에게 준 선물이다.

One Point Lesson

성공을 위해 행복을 양보할 수 없다.

당신의 목표에 '꿈'이라는 덧저고리를 입혀라

잡지사를 성공적으로 운영하고 있다고 소문이 난 김미영 대표한테서 만나자는 연락이 왔다. 평소에는 얼굴도 내밀지 않던 그녀여서 의외라는 생각이 들면서도, 한편으로 안 좋은 일이 생긴 건 아닌가 하는 걱정스런 마음이 들었다.

그녀는 누구나 선망하는 좋은 대학을 졸업하고 광고기획사에 입사하여 능력을 유감없이 발휘해 왔고 승진의 길도 순탄했다. 일과 결혼한 거 아닌가 싶을 정도로 일에 올인하면서 지금까지 승승장구해 왔다. 이름만 대면 기억할 만한 광고 가운데 그녀의 작품이 꽤 있을 정도로 성공가도를 달렸다.

그러다 불쑥 독립을 선언하고 몇 사람과 의기투합하여 잡지사를 차렸다. 잡지사도 시대의 흐름을 잘 읽어서 그런지 한참 잘나갔다. 잡지의 특성을 잘 살려 후발주자답지 않게 성공적으로 시장에 진입하여 자신의 이름을 전문가의 반열에 올려놓았다. 그러던 그녀에게서 불쑥 연락이 온 것이다.

그녀는 만나자마자 속마음을 털어놓았다. 잘나가던 잡지사에 1년 전부터 균열이 일기 시작하더니 급기야 두 달 전에 문을 닫았다고 한다. 밤낮 없이 열심히 뛰어다니던 그녀가 두 달째 일을 하지 않고 지낸단다. 사장임에도 다른 직원들과 함께 새벽까지 일을 했고, 광고기획을 할 때도 그랬다. 아이디어를 내거나 그 아이디어를 광고로 풀어 낼 때도 언제나 맹렬하게 뛰어들어 성공적으로 해냈다. 그랬기에 고객들이 그녀에게 프로젝트를 맡기곤 했다.

그런데 긴장의 끈을 늦추지 않고 20년 넘게 전문 영역을 확보해 온 그녀가 두 달째 하는 일 없이 혼자 힘든 시간을 보내고 있다. 언제나 열심히 살아온, 거의 전쟁하듯 혼신을 다해 살아온 그녀에게 왜 이런 일이 일어났을까….

목표와 꿈, 같은 것 같지만 다른 것

대학 졸업 후 사회에 첫발을 내딛으면서 한 번도 성공궤도에서 이탈한 적이 없던 김 사장은 왜 지금, 얼마든지 더 먼 거리를 여행할 수 있는 충분한 능력과 경험을 가지고 커리어의 경로에서 이탈하여 자신이 만든 그늘에 앉아 힘들어하는 것일까?

한편으로 보면 지금 실패의 경로에 있는 것 같지만 사실 그녀는 가장 근원적인 선택의 경로에 있는지도 모른다. 다만 그 근원적인 것이 그녀가 지금까지 성공하면서 (충분히 소유하면서) 살아온 시간 동안 단 한 번도 고민하지 않은 문제라는 점이다.

한 번도 풀어 본 적 없는 문제여서 지금까지 그녀가 쌓아 온 지식이나 경험으로는 풀어 갈 수 없는 문제이다. 아니, 어쩌면 지금까지 그녀가 사용해 온 지식이나 경험에 의존하면 할수록 해법에서 멀어질 수밖에 없는 그런 문제이다. 왜냐하면 지금 그녀는 성공이 가져다 준 '소유' 때문이 아니라 '존재' 라는 거대한 산 앞에 서 있기 때문이다.

지독하게 성과지향적이다 보니 주변에 속마음을 털어놓을 지인 하나 만들지 못하고 '성공의 늪' 에 빠져서 더 이상 그 '성공' 을 즐길 수 없는 사람들, 사람이 아닌 '일' 의 일부로 대하느라 부하직원으로부터도 '일' 이상의 존경을 얻지 못한 사람들, 더 높은 자리와 더 많은 연봉을 목표로 살아왔기 때문에 그것으로 무엇을 할 것인지에 대해서는 한 번도 생각해 보지 않은 사람들, 다 이루어 놓고도 그것을 느끼지 못하고 언제나

'결핍증'에 허덕이는 사람들, 어렵지 않게 만날 수 있는 모습들이다. 김 사장의 모습도 '소유' 이상의 것을 보지 못하고 '소유'만을 대상으로 목표를 잡고 달려온 사람들의 모습과 다르지 않다.

'꿈'과 '목표'는 같은 것처럼 보이지만 사실은 매우 다르다. '목표'는 '소유'에 뿌리를 두고, '꿈'은 '존재'에 뿌리를 두고 있다. '목표'를 다 이루거나 다 이루지 못한 사람들은 다음 지향점을 쉽게 찾지 못하지만, '꿈'을 이루거나 이루지 못한 사람들은 어렵지 않게 다음 지향점을 찾을 수 있다.

현명한 사람은 처음에는 목표를 위해 열심히 달리지만 그 목표를 '꿈'으로 변환시켜 '목표'를 자신의 '존재'에 궁극적으로 연결시킬 줄 안다. 한 사람의 인생에서 그것이 가시적으로 나타나는 시기는 40대 후반에서 시작된다. 그래서 이전에는 잘 깨닫지 못하지만 40대 후반이 되면서 자신이 이루려고 했던 것을 '후회'라는 이름으로 보기도 하고, 또 과거 자신의 삶에서 놓친 것에 대한 '미련'의 이름으로 보기도 한다.

김 사장은 '목표'를 자신의 '꿈'이나 '존재'의 모습으로 변환하는 노력을 소홀히 한 탓에 지금 큰 상실감을 겪고 있는지도 모른다. 그녀는 목표의식이 투철했다. 자신이 세운 대부분의 목표를 이루어 왔다. 그러나 지금 그녀는 더 이상 어떤 목표도 세우지 못하고 자신이 달리던 철로에서 이탈하여 자신 앞에 놓인 철로를 더 이상 달릴 수 없는 대상으로 보고 있다. 그러나 자신 앞에 아직도 철로가 있음을 인식하고 달릴 수 있는 꿈을 꾸어야 한다. 철로가 있는데 이곳에 멈출 수는 없지 않은가.

당신의 목표에 꿈이라는 덧저고리를 입혀라

누구나 '목표'를 세울 수 있지만 그 '목표'에는 방향성이 필요하다. 그 방향성이 바로 '꿈'이다. 김 사장의 성공에는 목표만 있었고 '꿈'이 없었다. 말하자면 자신에 대한 이해와 성찰 없이 목표지향적으로 이십 년 경력을 쌓아 온 셈이다. 어쩌면 실패 없는 성공이 그녀 인생의 가장 큰 덫이었는지도 모른다.

많은 대학생들이 성공을 자기 인생의 가장 큰 목표로 내세운다. 성공했을 때 자신의 모습을 이야기해 보라고 하면 대부분 '소유'의 범주에서 대답이 나온다. 그런 성공이 얼마간의 성취감을 가져다 줄 수는 있다. 그러나 인생의 어느 순간 복병이라도 만나면 그런 성취감은 금방 사라지고 만다. 성공이 목표가 아니라 도전이 목표라면 어떨까?

성공한 기업들이 기업의 패러다임을 전환하는 경우를 조사한 리포트를 본 적이 있다. 성공한 기업 대부분은 성공의 정점에 오르기 전에 항상 다음 단계를 위해 패러다임을 전환할 수 있는 무엇인가를 준비했다고 한다. 그때의 방향성은 대부분 그 기업의 미션에 두고 있다. 개인으로 말하면 자기 인생의 꿈 또는 미션이 아닐까. 목표에 도달하기 전까지는 열심히 치열하게 살아야 하지만, 목표지점에 가까워 올수록 그 목표 너머를 위한 준비가 필요한데 대부분 목표만을 생각하고 거기에 올인한다.

인생에서 어떤 것에 올인한다는 것은 우리를 집중하게 하는 긍정적 역할을 하게도 하지만, 다른 목표로 이동해야 할 때는 오히려 우리 다리를 잡는 부정적 역할을 하기도 한다. 올인할 때가 언제이고, 그 올인에서 벗어나 새로운 올인 대상을 찾아야 할 적기를 감각적으로 아는 것은 우리 인생에서 매우 중요하다.

한 목표에서 다른 목표로, 거기에서 또 다른 목표로 전환하는 것, 그것을 가능하게 하고 그 여정에 방향성을 제시하는 것이 바로 '꿈'이다. 꿈이 있는 사람은 전방위를 볼 수 있다. 그래서 목표를 달성하지 못해도 꿈을 향해 가는 또 다른 여정을 찾아낼 수 있기 때문에 한 목표가 이루어지지 않았다고 꿈에 도달할 수 없다는 생각을 하지 않는다.

당신의 목표에 '꿈'이라는 덧저고리를 입혀라. 목표라는 이름으로 갈 수 있는 거리보다 '꿈'이라는 이름을 붙였을 때 훨씬 멀리 갈 수 있다. 목표의 정점에 오르기 전에 당신을 그 정점 너머로 도전하게 할 또 다른 꿈을 꿔라. 그 꿈을 향해 가는 과정에서 충분한 성장과 행복감을 맛보라. 성취감은 이루었을 때보다 그것을 이루는 과정에서도 작고 잔잔한 감동을 얼마든지 느낄 수 있다. 다만 우리가 그것을 작고 잔잔하다고 무시하고 보지 않기 때문에 마치 없는 것처럼 여겨질 뿐이다.

'목표지향적'인 사람은 결과만을 생각하지만, '꿈 꾸는 자'는 결과에서 자유로울 수 있다. 결과에서 자유로울 수 있는 자만이 또 다른 꿈을 꿀 수 있는 용기를 가질 수 있다. 성공하는 리더가 되겠다는 것은 하나의 목표가 될지언정 '꿈'이 될 수는 없다. 성공한 리더가 되어 '어떤 가치 있는 일을 할 것인지'에 당신의 '꿈'을 두라. 그런 '꿈'을 가지고 있었다면 김 사장은 잡지사를 정리하고 '꿈'을 이룰 또 다른 목표를 세울 수 있었을 것이다.

혹시 지금 힘든 시간을 보내고 있는가? 그렇다면 내가 어떤 '꿈'을 꾸었었는지 애써 기억해 보라. 기억이 나지 않는다면 지금 당신이 보내는 힘든 시간이 '꿈'의 부재에서 온 것임을 깨달아야 한다. 힘든 시간은 불평이나 불만족감이 아닌 긍정적인 힘으로만 극복될 수 있기 때문이다. 당신 안의 '긍정의 힘'을 믿어라. 지금이 바로 '꿈'이 필요한 순간이라는 점을 깨달아야 한다.

목표와 꿈을 위한 팁

- 자기 삶의 가치와 의미를 생각해 보고 어떤 일을 했을 때 가장 깊은 내적 성취감을 가질 수 있었는지 기억해 보라. 그곳에서 꿈을 출발시켜라.
- 그 꿈을 이루기 위해 필요한 'should have'와 'want to have'를 생각해 보라.
- 당신의 꿈에 근접한 사람을 찾아보고 그 사람이 당신이라고 상상해 보라.
- 꿈에 도달하기 위한 이정표를 준비하고 그것을 이루기 위한 구체적인 계획을 세워라.
- 당신의 꿈을 주변에 퍼뜨려라. 그러면 당신은 그 말을 지키기 위해 스스로를 구속할 것이다.

One Point Lesson

성공이 목표가 아닌 도전에 목표를 두라.
그리고 그 목표를 넘어서는 곳에 당신의 '꿈'을 두라.

당신은 주어진 일만 하는 수동적인 입장에서 벗어나 해야 할 일을 만들어 스스로 할 일과 부하직원에게 맡길 일을 구분하고 적절한 수준의 성과를 이끌어 내는 보다 능동적인 업무로 자신을 전환시킬 수 있어야 한다.

리더의 업무능력

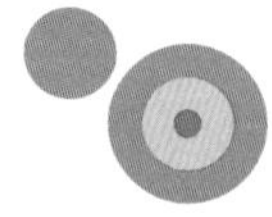

리더로서의 업무능력은 당신이 입사 이후 일상적으로 해 오던 업무능력과는 확연히 다르다. 당신은 주어진 일만 하는 수동적인 입장에서 벗어나 해야 할 일을 만들어 스스로 할 일과 부하직원에게 맡길 일을 구분하고 적절한 수준의 성과를 이끌어 내는 보다 능동적인 업무로 자신을 전환시킬 수 있어야 한다. 당신이 결정한 일에는 책임이 따르며, 이는 당신이 맡는 직위와 비례해 증가한다.

신입사원에서 대리, 과장이 되고 이어서 차장, 부장 그리고 임원으로 옮겨가는 동안 당신이 가지고 있던 전문적인 업무능력을 활용하는 상황은 점차 줄어들게 된다. 그렇게 줄어든 부분을 리더로서의 업무능력으로 채워야 한다. 그렇다면 리더로서의 업무능력은 무엇으로 평가될까?

'최고의 세일즈맨을 리더로 임명하면 최고의 세일즈맨을 잃고 실력 없는 리더를 얻게 된다'는 말이 있다. 이 이야기는 세일즈맨은 훌륭한 리더가 될 수 없다는 것이 아니다. 세일즈 분야에서 전문가일 수는 있지만, 리더의 자리에서 요구되는 자질은 별개라는 것이다. 그렇기 때문에 승진 즉시 세일즈 분야에서와 마찬가지로 뛰어난 성과를 기대하는 것은 실수라는 이야기이다. 즉 뛰어난 직원을 뛰어난 리더로 키워 내기 위해서는 리더십 스킬을 익힐 수 있는 교육이 중요하다는 점을 역설하는 것이다. 매니저를 '맨땅에 헤딩하는 식'으로 실전에서 교육시켜 리더로 만드는 것은 기업도 시간낭비라고 할 수 있다.

당신이 그 동안 뛰어난 업무능력을 보였음에도 '더 배워야 할 것이 있다'는 이야기를 들으면 거부감이 생길 수 있다. 하지만 그 동안 쌓아 온 경력과 업무능력이 리더십 스킬이라고 생각하면 일은 더욱 어려워진다. 스스로 처음부터 배운다는 겸허한 자세를 가지고 접근해야 한다.

당신이 쌓아 온 업무능력은 승진에 결정적인 영향을 미쳤을 것이고, 부하직원에게 업무를 지시하는 정도의 큰 그림을 그리는 데는 필요하겠지만, 그 외에는 별다른 의미가 없다.

부하직원이 전투에서 총을 들고 싸우는 병사라면, 리더는 결정적인 지역에 적절한 수의 병사를 배치해서 최소한의 희생으로 최대한의 전진을 끌어내는 지휘관이다. 당신이 직접 총을 들고 나가서 적군들과 맞서는 것은 누구도 원하지 않을 뿐더러, 실제 그런 상황이라면 지휘관을 잘못 뽑았다는 소리만 나올 것이다. 당신이 할 일은 병사들을 적진을 뚫고 안전한 지역까지 전진시키는 것이다. 그러자면 부하직원을 잃어서는 안 되고, 적과 현 상황에 대한 확실한 정보도 필요하다. 그리고 결정적으로 당신 스스로도 살아남아야 한다.

방향제시 – 비전과 미션은 명확히

국내 대표 포털기업의 인사업무를 맡고 있는 최선아 부장은 출근 첫날 외에는 책상 앞에 앉아 있는 모습을 보기 어렵다. 여러 부서장과 인사를 나누는 자리를 만들고, 직급을 가리지 않고 직원들을 만나 친분관계를 쌓는 데 힘을 쏟고 있다. 심지어 타 부서 회식자리까지 따라다닐 정도였다.

인사부 직원들은 최 부장의 소속이 영업이나 마케팅 부서인 것 같다며, 정치적 성향이 강한 상사라고 걱정하는 소리까지 나왔다. 하지만 그녀는 주변의 반응을 아는지 모르는지 2개월 넘도록 그렇게 회사를 누비며 지냈다.

그러던 어느 날 최 부장은 인사부 총회의를 소집했다. 그리고 현 상황에서 필요한 인사부의 역할을 새롭게 설정하는 작업을 하겠다고 말했다. 마냥 노는 줄만 알았던 최 부장의 갑작스런 발언에 당황한 인사부 직원들은 그것이 빈말이 아니라는 것을 알게 되었다. 그리고 최 부장이 정해 놓은 일을 나눠서 하는 수준이 아니라, 목표 설정과 기존 제도의 수정까지 모든 과정을 팀원이 함께 해야 한다는 것을 아는 데에는 그리 오래 걸리지 않았다.

최 부장은 먼저 현재 인사부의 모습을 직시하는 시간을 가졌다. 그 동안 회사를 돌아다니며 들은 인사부에 대한 불만과 기대사항이 적힌 문서를 직원들에게 나눠 주고, 타 부서에서 인사부를 어떻게 인식하고 있는지 살펴보도록 했다. 거기에는 타 부서에서 넘겨 주는 이력서만 가지고 사람을 선발하는 수동적인 채용방식을 지적하고, 성과관리나 직원들의 역량 개발도 타사의 제도를 답습하고 있다고 평가했다. 채용 업무에 대해 모르고 하는 소리라며 불쾌해하는 직원도 있었지만, 전반적인 업무처리가 능동적이지 못하다는 것을 수긍하지 않을 수 없었다.

최 부장은 회의를 통해 '인사부는 사내의 헤드헌터'라는 비전을 설정했다. 사내 직원에 대한 정보를 수집하고 적재적소에 배치하는, 타 부서의 인사 전문 동반자로 거듭나는 것을 목표로 삼은 것이다. 그리고 이 목표를 뒷받침하기 위해 객관적인 인사제도를 세부 목표로 설정했다.

이러한 과정을 거치면서 인사부 직원들은 인사부가 지향해야 할 사항을 알게 되었고, 각자의 아이디어를 도입한 새 인사제도가 가시화되면서 자긍심도 높아졌다.

비전과 미션

비전과 미션이란 한 조직이 나아가고자 하는 방향을 제시하는 것이다. 무엇을 이루고자 하는 것이 미션이고, 미션을 다 이루었을 때의 생생한 모습을 보여 주는 것이 비전이다. 이 둘 다 조직이나 팀이 지향해야 할 미래의 방향을 제시하는 것이기 때문에 실전에서 뛰어야 할 직원들에게는 여정의 이정표와 같은 역할을 해 준다.

비전과 미션은 구성원 한 사람 한 사람이 해야 할 일의 프레임을 제시한다고 볼 수 있다. 해야 할 일과 하지 말아야 할 일도 바로 비전과 미션이 판단 기준이 되며, 예산을 집행할 때도 우선순위의 결정 근거가 여기에서 나와야 한다.

당신이 스스로 훌륭한 리더가 되기 위한 꿈을 가지고 있고 그 꿈을 향해 나아가고 있는 것과 마찬가지로, 당신의 부서 안에도 지향해야 할 꿈이 있어야 한다. 당신이 맡고 있는 조직 내 비전과 미션을 정하기 위해서는, 일단 회사라는 전체 조직의 비전을 염두에 두고 있어야 한다. 세부 조직의 비전은 전체 조직을 뒷받침해야 하기 때문이다. 그리고 이러한 작업에는 팀원과 함께 하는 과정이 반드시 필요하며, 이는 팀원 개개인이 스스로 팀 전체의 방향과 목표를 설정하고 명확히 이해하는 데 도움이 된다.

사람들은 흔히 목표 자체를 중요하게 생각하지만, 핵심은 사람들과 '함께' 목표를 정해서 공유한다는 데에 있다. 비전과 미션을 어떻게 정의하느냐에 너무 연연할 필요는 없다. 굳이 어려운 단어나 '폼나는' 단어를 선택할 필요도 없다. 당신이 속한 팀의 '꿈'이 있고, 이를 이루기 위한 여러 가지 방법을 함께 고민한다는 점이 가장 중요한 것이다.

물론 비전과 미션을 그저 보이기 위한 것으로 취급하는 회사도 있을 수 있다. 그런 상황이라고 당신이 방향을 제시하지 않아도 되는 것은 아니다. 일단 자신의 부서 안에서만이라도 비전과 미션을 정하는 작업을 통해 명확한 목표를 설정하는 것이 좋다. 처음부터 거창한 것을 정하려 하지 말고, '10% 달성'이라는 식의 수치만이라도 정해 보자. 그리고 점차 익숙해지면 목표를 늘리거나 더 높은 비전을 설정할 수도 있을 것이다.

명확한 방향 제시를 위한 팁

- 짧고 구체적이어야 한다.

- 최대한 수량화하라. 이는 평가를 용이하게 한다.

- 설정하기 전에 먼저 부서원들을 참여시키는 것이 중요하다.
  직원이 공감하지 못하는 비전과 미션은 제대로 이루어질 수 없다.

- 조직 전체, 즉 비즈니스와 고객, 그리고 직원 모두에게 나은 무언가를
  제공해야 한다.

- 새로운 아이디어를 적극적으로 수용하라.

- 신입사원이 들어오면 이러한 논의 결과가 담긴 내용을 숙지하게 하라.

- 비전과 미션이 결정된 과정을 문서화하라.

- 정기적인 워크숍으로 중간 점검하라.

One Point Lesson

명확한 방향 제시가 당신과 팀을 이끄는 추진력이다.

전략적 사고 없이 리더는 없다

생활용품 전문 글로벌 기업의 마케팅 부장 한세영 씨는 본사에서 광고비 예산 집행을 꺼리는 바람에 영업팀의 지속적인 광고 집행 요청에 대응하지 못하고 있다. 대신 비용이 저렴한 대리점 중심의 판매 촉진 이벤트로 영업팀을 달래고 있는 실정이다. 하지만 새로 부임한 사장은 경쟁사의 기존 광고와 새로 런칭한 광고를 분석하여 경쟁사가 제품 콘셉트에 변화를 줌으로써 새로운 시장을 개발했다는 사실을 알아냈다.

경쟁사는 그 동안 약품으로만 인식되어 오던 제품을 남성미용 필수품으로 과감하게 콘셉트를 바꿔 당당한 남성 이미지를 강조했고, 그 결과는 성공적이었다. 동일한 제품으로 기존시장을 고수함은 물론 남성미용이라는 새로운 시장을 개척한 것이다. 남성미용이란 용어조차 존재하지 않던 상황에서의 쾌거이니만큼 단연 주목을 받았다. 동일한 전략으로 접근해 봐도 따라잡기는 역부족이고 매출 격차는 점점 늘어만 갔다.

신임 사장은 먼저 사회적 트렌드 변화에 대한 조사를 시작했다. 그리고 더욱 큰 시장은 외모에 민감한 10대와 20대임을 알게 되었다. 특히 이들은 현재뿐만 아니라 고스란히 미래고객으로 전환이 가능하다는 점에서 더욱 의미가 컸다. 더구나 취업난에 허덕이는 대졸 남성의 경우 외모에 대한 관심은 선택이 아닌 필수였다.

결국 경쟁자가 많은 기존의 레드오션에 진출하기보다는 경쟁사가 놓치고 있는 젊은 계층을 대상으로 한 블루오션에 투자하기로 결정했다. 그리고 블루오션 전략에 대한 세부사항을 준비하는 한편, 본사에 대해서는 경쟁사의 독주에 제동을 걸 수 있는 발빠른 대응만이 최선이라는 점을 부각시키면서 각종 데이터를 제시했다. 결국 신임사장은 본사로부터 충분한 광고비 예산을 얻어냈다.

신임사장이 주도한 프로젝트의 성공은 그 동안 한 부장이 온갖 이유를 대며 자신을 방어해 온 말을 무용지물로 만들었다. 아시아 태평양 지역 책임자, 본사 그리고 국내 관련자들에게 한 부장이 자기 역할을 제대로 하지 못했다는 점이 부각된 셈이다. 하지만 한 부장은 그만한 예산이 있었다면 광고를 했을 거라며, 예산을 따올 아이디어와 본사를 설득하기 위한 전략적 노력이 부족했음을 끝까지 인정하지 않았다. 가장 큰 문제는 경쟁사나 광고비를 넉넉하게 주지 않는 회사가 아니라 리더로서 전략적 사고가 부족한 자신이었는데도 말이다.

새로운 시각 : 전략적 사고의 완성

전략은 넓은 의미의 '계획'에 포함되긴 하지만, 계획이라는 말만으로 담을 수 없는 의미가 내포되어 있다. '계획'이라는 단어에 그 계획을 실행하는 '자신'만이 있다면, '전략'이라는 단어에는 계획을 실행하는 '자신'과 그 계획으로 인해 영향을 받는 '상대방'이 있다는 것이다.

전략은 확실한 목적 하에 경쟁상대를 파악하고, 여러 가지 대안을 찾아 그 중 최선의 방안을 선택하는 것을 말한다. 목표는 '미래'에 대한 '의지'를 뜻하기 때문에 장기적인 시각이 필수이다. 평소에도 단순히 팀 내의 업무만 볼 것이 아니라, 업무가 조직 전체에 미치는 영향을 생각하며 시각을 넓혀 나가야 한다.

또한 전략은 '선택' 과정을 동반한다. 단 하나의 방안만 있을지라도 실제로는 그 행동을 취할 것인지 말 것인지 두 가지 대안 중 하나를 선택해야 하는 것이다. 전략적 사고는 결국 상황 대응적 접근이고, 선택적 접근이다. 전략에 있어 당신이 기억해야 할 것은 장기적인 목표와 자신 그리고 경쟁상대, 이 세 가지지만 여기에는 중요한 한 가지가 빠져 있다.

〈잃어버린 시간을 찾아서〉의 작가 마르셀 프루스트 Marcel Proust는 이렇게 말했다. "진정한 발견은 새로운 땅을 찾는 데에 있는 것이 아니라, 새로운 시각을 갖는 것에 있다."

그렇다면 새로운 시각은 어떻게 하면 생기는 것일까? 한 마디로 찾고 싫어하는 것이 있는 사람이 무엇을 찾아도 찾는 법이다.

'아름다운 재단' 상임이사 박원순 변호사는 다른 나라의 시민운동에서 아이디어를 얻어, 대기업 위주의 기부문화에서 소액 기부문화로의 변화를 이끌어 내어 우리나라 시민운동의 새로운 장을 연 것으로 평가받고 있다. 그는 해외 출장을 다녀올 때마다 각종 메모로 가득 찬 노트를 몇 권씩 들고 나타난다. 어떻게 늘 새로운 사고를 하느냐는 사람들의 질문에 박 변호사는 "나는 늘 희망이 있다고 생각하고 본다"고 대답했다.

안 되는 상황을 안 된다고 말하는 사람은 많다. 하지만 그런 역할만 하는 리더라면 아무 쓸모가 없다. 어떤 상황에 부딪쳤을 때 외부에서 안 되는 이유를 찾아내면 마음은 편할 수 있다. 하지만 안 되는 이유를 찾는 사람이 가는 길은 당연히 '안 되는 길'일 수밖에 없고, 되게 하는 길을 찾는 사람만이 '되는 길'을 찾을 수 있는 것이다. 이만하면 됐다고 생각하기에 앞서 스스로 물어보자. 나는 무엇을 찾고 싶어하는가? 그리고 그것이 지금의 눈으로 본 것인가, 새로운 눈으로 본 것인가?

다면적인 요소를 통합적으로 사고하라

다면적인 요소를 통합적으로 사고할 수 있는 것이 중요한데 일반적으로 SWOT 분석 도구를 많이 사용한다. SWOT은 S strength, W weakness,

O^{opportunity}, T^{threat}를 의미한다. SWOT 분석은 내·외부 요인을 함께 볼 수 있으며 간단명료하게 정리되기 때문에 요점을 쉽게 파악할 수 있다. 시장 상황에 대한 이해나 정보에 따라 다양한 분석이 나오고, 그에 따른 여러 가지 전략을 생각해 볼 수 있다. 또한 네 가지 요인을 다양하게 혼합해서 대안을 마련할 수 있다는 점도 장점이다.

물론 SWOT 분석이 절대적인 것은 아니다. 하지만 다면적인 요소를 통합적으로 생각할 수 있다는 점은 분명하다. 굳이 정형화된 문서를 꾸밀 필요는 없지만, 적어도 노트에 적는 식의 방법을 통해 반드시 시각화하는 습관을 들여야 한다. 이는 당신의 머릿속에 있는 것을 더욱 구체화시켜 주는 간단한 방법이다.

항상 메모하라. 녹음기도 있지만, 시간을 아껴 써야 하는 당신에게는 추천하고 싶지 않다. 당신 머릿속에서 반짝였던 것들이 시간이 지난 후에도 그대로 자리하고 있기를 바라는 것은 무리이다.

경제 잡지와 신문을 읽는 습관을 들이자. 경제 잡지를 한 권 읽는다고 제안서가 갑자기 아이디어로 가득 차지는 않지만, 기본적으로 업계나 경제 전반에 대한 흐름을 파악하는 데 큰 도움이 된다.

마지막으로 문제를 빨리 해결하고자 하는 유혹에서 벗어나라. 이러한 유혹은 시간의 제약에 쫓겨서 빨리 답을 내야 한다는 조바심에서, 혹은 문제를 쉽게 회피하고자 하는 마음에서 온다. 회피한 문제는 없어진 것이 아니라 당신이 눈을 감았을 뿐이다. 문제를 빨리 해결하는 것보다 적절하게 해결하는 것이 중요하다.

로마는 하루아침에 이루어지지 않는다

전략적 사고를 향상시키기 위해서는 위와 같은 방법을 지속적으로 활용하여 당신의 것으로 만들고자 하는 노력이 중요하다. 물론 이것은 너무나 상투적이고 누구나 쉽게 할 수 있는 이야기처럼 들릴 것이다. 다이어트에 성공하기 위해서 식사량을 줄이고 운동을 하라는 내용처럼 말이다. 다이어트를 한 번이라도 해 본 여성이라면 "아니, 누가 몰라? 그대로 하기가 어려운 거지!"라고 입을 모을 것이다. 그렇다. 원칙은 간단하지만 지속적으로 실행하는 것이 어렵다.

리더십 역량을 개발하는 데 있어 가장 힘든 부분이 바로 전략적 사고이다. 한 번의 교육이나 코칭에 의해 전략적 사고를 할 수 있는 것이 아니기 때문이다. 불교 용어에 곧바로 깨달음에 도달한다는 의미의 돈오頓悟가 있고, 수행을 통해 점차 높은 단계로 나아가 깨달음에 이른다는 점오漸悟가 있다. 코칭을 통해 자신이 인식하지 못하던 문제점을 알게 되었을 때 돈오의 경지처럼 빛이 보이는 것 같은 순간이 있을 때도 있다. 하지만 전략적 사고는 그야말로 지속적인 노력을 통해서만 얻어진다.

한세영 부장은 전반적인 시장 침체라는 누구나 말할 수 있는 손쉬운 이유를 들어 책임을 회피하려 했다. 즉 면피용免避用 전략으로 자신이 왜 그런 일을 못하는가에 대한 이유를 찾는 데만 주력한 것이다. 전략적 사고의 부재를 지적한 코칭 결과를 듣고 한 부장은 "결국 제가 부족하다는 말이네요?" 하며 오히려 화를 냈다.

말을 물가에 끌고 갈 수는 있지만 억지로 물을 먹일 수는 없는 법. 결국 그녀에게는 "You are fired."라는 고지와 함께 인수인계를 위한 한 달의 시간이 주어졌다.

전략적 사고를 위한 팁

- 당신의 회사와 조직의 강점과 약점을 명확히 알고 있어야 한다.
- 회사를 구성하고 있는 각 조직과 그 조직의 역할을 파악하라.
- 회사뿐만 아니라 당신도 경쟁사나 시장 상황에 대한 정보를 수집하라.
- 새로운 시각을 위해 자사 입장이 아닌, 경쟁사나 고객 입장에서 생각해 보라.
- 현실을 반영하지 못하거나 한계가 보이는 업무방식을 과감히 바꿔라.
- 전략은 사람에게 영향을 준다는 점을 명심하라. 사람의 반응을 제외하고 생각하는 것은 중요한 변수를 빠뜨리는 것과 마찬가지다.
- 전략 수립만 중요한 것이 아니다. 전략 실행 후 생길 이해득실을 예상해 봐야 한다.
- 전략 기획과 관련된 업무에 자원하라.

One Point Lesson

새로운 눈으로 보라. 찾으려 하는 이에게는 보일 것이다.

창의력, 유에서 유를 창조하는 것

화장품 회사 마케팅팀에서 프로모션을 담당하고 있는 이명희 과장은 매달 새롭고 차별화된 전략을 준비해야 하는 압박감에 시달리고 있다.

평소 아이디어 뱅크라고 자신했던 이 과장은 웨딩시즌에 앞서 유명 여성 정장 브랜드와 제휴를 맺고, 화장품 세트를 구입한 예비신부들에게 예복 할인권을 제공하는 행사를 기획하여 큰 호응을 얻었다. 그리고 2002년 월드컵대회 때 길거리 응원전에서 여성들이 색다른 패션과 화장으로 이목을 끌었던 것에 주목해 레드 컬러 립스틱을 점포 전면에 배치하도록 했다.

하지만 굵직굵직한 프로모션을 성공적으로 수행하고 난 뒤 상사들의 높은 기대치와 더 새로운 아이디어를 내야 한다는 강박관념 때문에 늦게까지 회사에 남아 외국 잡지를 뒤지거나 인터넷 정보검색을 해 보지만, 세상에 새로운 아이디어라는 것이 있을까 하는 생각마저 든다.

이제 곧 바캉스 시즌을 준비해야 하는데 도무지 참신한 아이디어가 떠오르지 않는다. 도대체 어떻게 하면 새로운 아이디어로 타사를 앞지를 수 있을지 아무리 고민을 해도 답이 나오지 않는다.

하늘 아래 새로운 것은 없다

당신은 '창의력'을 무엇이라고 생각하는가? 보통 창의력이라고 하면, 남들은 듣지도 보지도 못한 새로운 것을 생각해 내는 것이라 한다. 그렇기 때문에 완전히 새로운 것을 만든다는 고정관념에 휩싸여 심한 압박을 느끼거나, 아예 '나는 창의력이 없는 사람'이라고 스스로 생각하는 경우가 많다. 하지만 이 과장의 생각이 맞을 수 있다. '하늘 아래 새로운 것이란 없다'는 말도 있지 않은가? 완전히 새로운 아이디어라는 것은 매우 드물다. 우리가 기발하다고 생각한 아이디어는 기존에 있는 것을 바탕으로 한 것이 대부분이다.

창의력이란 제품이나 상황에서 발생하는 문제를 풀기 위한 '해결방안'이자, 현재 있는 것을 더욱 좋게 만드는 '업그레이드'라고 볼 수 있다. 그렇기 때문에 당신이 이 제품은 이러한 점이 불편하다고 느끼거나 혹은 여기에 뭐가 더 달려 있으면 좋겠다고 느낄 수 있는 사람이라면, 적어도 창의력에 있어서의 첫 단계는 밟은 것이다.

다음으로 당신이 할 일은 '어떻게 하면 이 불편함을 해소할 것인가?'에 대해 고민하는 것이다. 무無에서 유有를 창조하는 것이 아니라, 유에서 유를 창조하는 것, 그것이 창의력이다.

마르지 않는 우물은 없다

세계 최고의 아이디어 기업으로 평가받고 있는 3M은 업무 시간의 15%를 개인의 관심분야에 쓰게 한다. 이 시간만큼은 아무리 높은 상사라도 침해할 수 없는, 직원의 창의력을 고취시키는 시간으로 보장하고 있는 것이다. 3M의 예에서도 알 수 있듯이 창의력이라는 것은 단순히 업무를 붙들고 있다고 생기는 것이 아니며, 지속적인 노력을 통해 창의력을 자극하는 것이 중요하다.

물론 3M과 같이 창의력을 중시하는 회사에 근무하면서 스스로 노력하지 않아도 회사에서 창의력을 고취시킬 수 있는 상황을 만들어 준다면 금상첨화이겠지만, 안타깝게도 대부분의 기업은 그렇지 않다. 하지만 회사 탓만 하다가는 당신의 창의력 우물은 곧 바닥이 드러날 것이다.

이주희 대리는 매일 아침 7시에 출근해서 업무를 시작하기까지 두 시간 동안 업무와 무관한 책을 읽는다. 독서를 통해 자기계발은 물론, 전혀 다른 분야라 할지라도 '이런 내용을 업무와 연결해 보는 것은 어떨까?' 하는 생각이 실제로 도움이 되는 경우가 있기 때문이다.

물론 이것은 한 예에 불과하고, 특히 저녁형 인간이라면 권하고 싶지 않은 방법이다. 다만 당신에게 맞는 시간 배분을 통해 스스로를 충전할 수 있는 시간을 확보하는 것이 중요하다.

이외에도 창의력을 높일 수 있는 여러 가지 방법이 있다. 앞서 말한 것처럼 창의력에 대해 부담감을 버리고 긴장을 풀기를 권한다. 각양각색의 생각이 있을 뿐이지, 당신이 추구해야 할 완벽한 창의력 모델이라는 것은 없다. 다음의 방법을 다 할 필요도 다 할 수도 없지만, 당신에게 가장 적합한 몇 가지를 선택해서 자신의 창의력을 꾸준히 자극하기 바란다.

또한 리더로서 당신이 해야 할 일에는 부하직원으로부터 창의력을 이끌어 내고 고무시키는 일도 중요하다. 브레인스토밍Brain Storming은 기본으로, 늘 해 오던 회의 방식이나 회의 장소를 바꿔 보는 것도 하나의 방법이다. 또한 다음의 팁을 부하직원과 공유하고, 당신의 부서에 맞는 창의력을 고무하는 방법을 함께 고민해 보자.

창의력을 높이는 팁

- 새로운 정보에만 집착하지 말고 기존 정보도 새로운 눈으로 보는 훈련을 하라.
- 장애요소는 창의력을 방해하는 것이 아닌, 창의력을 이끌어 낼 수 있는 최고의 재료이다. 어떻게 요리하면 맛있어 보일까를 고민하라.
- 아이디어가 하나 떠올랐다고 생각을 멈추지 마라. 바로 그 다음 아이디어가 최고의 아이디어일 수도 있다.
- 아이디어를 리스트에 적어 두는 것은 기본. 특히 기존 아이디어가 아닌 새로운 아이디어는 반드시 표시해 두라.
- ‘Why?’ 대신 ‘Why not?’이라고 묻자. 직접 행동을 취하라는 것도 아니고 생각만 하는 것인데 안 될 것 없지 않은가.
- 문제점을 글로 서술해 보는 것도 좋지만, 도표나 그림으로 표현해 보자. 당신이 미처 보지 못한 것이 보일지도 모른다.
- 마인드 맵을 통해 당신의 생각을 정리해 보라. 빠진 것을 발견할 수도 있다.
- 업무와 관계없는 ‘제3의 공간 the third space’을 마련하라. 차를 마시며 사람을 구경할 수 있는 커피 전문점도 좋고, 여러 가지 책과 잡지가 있는 북카페도 좋다. 새로운 공간은 당신을 충전시켜 줄 것이다.

- 음악을 듣거나, 몽상에 빠지는 것도 좋다.

- 평소 잘 안 보는 잡지를 많이 보라. 그곳에 보물이 들어 있을지 누가
  알겠는가.

- 가끔은 제품을 만드는 공장이나 제품이 판매되는 시장에 가 보라.
  제품을 생산하는 사람과 제품을 구입하는 사람들의 행동을 유심히
  관찰하는 것도 새로운 생각을 가져다 줄 수 있다.

- 당신과 다른 일을 하는 사람을 자주 접촉하라.

- 머리를 쥐어짜도 아이디어가 떠오르지 않는다면 잠깐 접어 두라.
  책상에 오래 앉아 있는다고 아이디어가 나오는 것은 아니다.

One Point Lesson

스스로 창의적인 사람임을 믿어라.

문제 파악은 분석의 기본

세계적인 수입 화장품 회사 규제담당부서에 근무하는 김자혜 차장은 중국 언론에서 발표한 중금속 검출 문제로 난처한 입장에 놓여 있다. 아직 한국 식약청에서는 입장을 표명하지 않은 상황임에도 소비자들의 불신이 높아져 백화점 매장마다 환불 요구가 빗발치고 있다.

본사에서는 중국 시장 내 수입 화장품의 비중이 높아지자 중국 정부가 자국의 화장품 업계를 보호하기 위한 정치적 제스처일 뿐이라며, 화장품 자체에는 아무 문제도 없다는 입장을 되풀이하고 있다.

중대한 위기상황에 처한 회사에서는 김자혜 차장만 쳐다보고 있다. 고객의 반응을 염려한 사장은 김 차장에게 해결책을 내놓으라고 다그친다.

문제를 알아야 분석을 할 수 있다

사람들은 여러 가지 자료를 보고 그 안에서 의미 있는 무엇인가를 잘 찾아내는 능력을 곧 '분석력이 있다'고 평가한다. 그렇기 때문에 사람들은 분석을 할 때 남들보다 더 많은 자료를 찾아서 남들이 발견하지 못한 것을 알아내려고 애쓴다.

사실 엄밀히 말하면 틀린 이야기는 아니다. 분석력이 있는 사람은 분명 수많은 정보 속에서 무엇인가를 찾아내는 것처럼 보인다. 하지만 자료에 대한 의미 있는 해석은 무엇이 문제인지를 알고 있다는 것을 기반으로 한다. 그리고 문제를 파악하는 것은 가시적으로 보이지 않는 과정이기 때문에 무심코 넘어가기 쉽다. 당신이 보석을 찾으려 한다고 해서 반짝거리는 것을 다 모아야 하는 것은 아니다. 땅바닥에 널려 있는 유리조각도 반짝일 수 있다.

어떤 업무가 주어졌을 때, 일단 덮어놓고 되도록 많은 정보를 수집하는 데 몰두하는 사람들이 있다. 그들의 분석 보고서는 대체로 지향점 없이 그저 현상을 기술하는 각종 데이터와 그래프로 가득 차 있다. 그렇다고 해서 정보를 모으느라 수고했다는 말도 듣지 못한다. 오히려 시간을 무의미하게 보냈음을 보여 줄 뿐이다.

업무지시를 받고 자료를 수집해서 정리하고 난 다음에 보니 불필요한 자료가 많았다면, 분석을 위해 성실히 밟아야 할 첫 번째 단계를 대충 넘어갔다는 의미이다. 이런 사례는 생각 외로 많고, 이는 결국 자원과 시간 그리고 인력 낭비로 귀결된다.

요즘같이 하루가 다르게 정보가 쏟아지고 빠르게 변화하는 상황에서 분석력의 중요성은 더욱 높아진다. 꼭 필요한 자료를 찾아서 시간을 절약하고 자료를 명확히 분석하는 것이야말로, 당신이 리더로서 옳은 결정을 할 수 있도록 만드는 핵심이기 때문이다.

분석력에 있어서 모아 놓은 자료를 보고 말 그대로 '분석'하는 것은 최종 단계이다. 가장 먼저 당면한 문제를 바르게 진단해야 하고, 문제 해결을 위해 적절한 정보를 선별해서 수집하는 것이 두 번째 할 일이다. 체계적인 분석을 위해 꼭 지켜야 할 단계를 알아보자.

체계적인 분석력을 위한 단계

1. 문제를 정확히 진단하라.
  - 당면한 문제를 머릿속으로 정리하고, 글로 서술하라.
  - 문제가 왜 생겼는지 원인 규명이 필요하다. 이 과정은 불필요한 데이터를 모으느라 시간을 낭비하지 않도록 도와 준다.

2. 정보 수집
  - 정해진 문제에 집중해서 꼭 필요한 정보만 수집하라.
  - 인쇄된 자료를 많이 모으라. 이야기로 들은 것이나 인터넷에서

본 것은 시간이 지나면 기억나지 않는 경우가 많고, 그럴 경우
정보의 신뢰성이 떨어진다.

3. 대안 분석

- 팀원이나 윗사람과 의논해서 최대한 다른 시각을 많이 참여시
  켜라. 당신이 보지 못한 것이 있을 수 있고, 혼자 고민하는 시간
  을 줄일 수도 있다.
- 대안에 논리성이 있는지 살펴보라. 논리가 부족한 대안은 누구
  도 설득할 수 없다.
- 문제 파악 이후에 모은 자료를 근거로 결론을 내는 연역적인 방
  법과 동시에, 결론을 바탕으로 필요한 자료가 더 있는지 살펴보
  는 귀납적인 검증을 해 보자.

효율적인 분석을 위한 팁

- 분석을 필요로 하는 문제가 무엇인지, 그것부터 파악하라.

- 정보수집에 앞서 문제를 파악하는 시간을 충분히 갖는 것이
  더 중요하다.

- 체크리스트를 만들어서 빠지거나 겹치는 과정은 없는지 확인한다.
  지금 당장 완벽하지 않더라도 당신이 만들어 가는 리스트는 과정이
  진행됨에 따라 점차 업그레이드 될 것이다.

- 모든 정보를 다 구할 수는 없다는 것을 인정하라. 정보가 부족할 수도,
  시간이 부족할 수도 있다.

- 정보의 양보다 질에 집중하라.

- 당신에게 필요한 정보가 있는 사이트를 발견했다면 즉시 '즐겨찾기'
  해 두라.

- 정보의 출처를 적어 두는 것은 기본이다. 출처를 알 수 없는 정보는
  신뢰성에 문제를 일으킨다.

- 연역적 방법으로 결론이 나지 않을 경우 먼저 귀납적 결론을 내고,
  그에 필요한 정보가 무엇일지 역순逆順으로 생각해 보자.

- 당신에게는 팀원이 있다. 당신의 분석에 대한 강점과 약점에 대해
  지속적으로 묻고, 수정하라.

- 문제를 해결하기 위한 대안을 생각해 보고, 설혹 실현 가능성이
  적더라도 일단 다 적어 본다.

- 대안을 찾은 후에도 미흡하다고 여겨진다면, 발생한 문제에 대해서
  다른 방식으로 정의해 본다. 새로운 정의는 새로운 대안을 이끌어 낼
  수도 있다.

- 당신의 업무에서 발생한 문제에 대해 그때그때 기록하라. 당장은 개별
  문제로 보일 수 있지만, 사실은 연결된 문제일 수도 있다.

- 펜과 종이, PDA 등 메모 도구를 항상 손닿는 곳에 두자.
  침대 옆 탁자나 자동차 안, 화장실 안에도 물론이다!

One Point Lesson

주어진 상황에서 문제의 핵심을 파악하는 것이 분석의 시작이다.

결정의 순간을 두려워하지 마라

생활용품 시장에서 선두자리를 놓친 적이 없는 글로벌 기업의 브랜드 매니저로 잘나가던 김희영 부장이 다국적 제약회사로 자리를 옮긴 것은 놀랄 만한 일이었다. 임원 승진을 눈앞에 둔 그녀가 낯선 분야에 도전한 것도 그렇지만, 다른 분야에서 일하던 사람에게 시장에서 고전하고 있는 제품을 맡긴 회사의 결정 또한 전례가 없는 일이었다.

그녀가 담당할 제품은 6개월 전에 출시된 치료제로 한 마디로 죽을 쑤고 있는 상황이다. 심지어 사내 누구도 쉽사리 나서지 못하고 있으며, 제품을 살리는 것은 불가능하니 빨리 접는 것이 낫다는 이야기마저 나오는 판이었다.

새 회사에 출근한 뒤 김 부장은 기존 마케팅 전략 및 시장 상황에 대한 보고서를 섭렵하고, 의사들의 전문적인 견해와 영업사원의 반응을 파악하기 위해 분주히 움직였다. 그리고 임원회의에서 제품 리브랜딩의 필요성을 강력히 주장하면서, 대중매체를 통해 소비자 광고를 하자고 제안했다.

예상대로 반대의견이 쏟아져 나왔다. 리브랜딩에 드는 비용이 엄청날 텐데, 기존에 쏟아 부은 돈도 다 회수하지 못한 상황에서 다시 막대한 비용을 들일 수 없다는 것이었다. 또한 제약산업은 생활용품 시장과 달리 광고에 많은 제약이 따르는데 김 부장이 몰라도 한참 모른다는 식이었다. 그러잖아도 지나치게 좋은 조건으로 스카우트된 것에 불편한 마음을 가지고 있던 그들은 그녀의 제안에 온갖 반대 이유를 들이댔다.

김 부장은 반대의견이 잦아들 무렵 노트북을 덮으며 "효능이 뛰어난 우리 제품이 한국 시장에서 맥을 못 추는 이유를 알아내기 위해 동분서주했고, 나름대로 제품을 살릴 수 있는 방법을 제시했습니다. 하지만 오랫동안 이 분야에서 일해 오신 여러분이 안 된다고 하니 틀림없이 안 되겠네요"라고 말했다.

김 부장이 반대의견에 일일이 반박할 것이라고 생각했던 사람들은 예상외의 반응에 어리둥절한 모습이었다. 그 모습을 보며 김 부장은 말을 이었다. "그렇다면 절대 안 되는 일을 해서는 안 됩니다. 나머지 방법은 더 이상의 손실을 막기 위해 이 제품을 시장에서 철수시키는 것입니다"라고.

결정의 순간을 피할 수는 없다

김 부장은 어떻게 되었을까? 해결사로 들어와 임무를 제대로 수행하지 못했기 때문에 회사를 떠나야 했을까? 결론부터 말하자면, 김 부장은 임원진의 적극적인 협조 아래 제품을 리브랜딩했다. 그리고 수많은 제품을 담당했던 전문가답게 식약청의 제약조건을 하나도 위배하지 않고 대대적으로 광고를 내보냈다. 그 후 치료제에 대한 소비자의 인지도가 높아지면서 판매도 상향곡선을 그리기 시작했다. 과연 어떻게 된 일일까?

제품에 문제가 없다는 확신을 가진 그녀는 리브랜딩을 통해 공격적으로 최종 소비자를 직접 자극하는 것이 필요하다고 판단했다. 라이프 스타일의 변화로 그 제품에 대한 수요가 더욱 가시화될 것이 훤히 보이는 상황에서 제품을 철수할 수는 없었다.

하지만 리브랜딩에 대한 반대의견이 만만치 않을 것임을 예상했기에, 시장 철수라는 배수의 진을 치기로 했다. 이전에 시장 철수에 대한 의견이 있었는데 실행되지 않은 이유는 실패에 대한 책임을 지려는 사람이 없었기 때문이다. 그리고 임원회의에서 시장 철수가 결정될 경우, 결국 이를 결정한 임원 모두에게 책임이 돌아간다는 점을 노린 것이다. 결국 김 부장의 예상대로 임원단은 시장 철수보다 리스크가 적다고 생각되는 리브랜딩을 선택했다.

리더는 항상 결정의 순간에 부딪치게 된다. 누구도 당신을 대신해서 결정을 내릴 수 없다. 그리고 부하직원은 리더가 책임감 있는 결정을 해 주기를 원한다. 결정을 내리지 못하는 리더는 팀을 이끌고 가는 것을 포기해야 한다.

물론 결정이 쉬운 일은 아니다. 애매모호한 상황, 불확실성, 예측 불가능한 변수가 산재해 있는 상황은 당신을 고민하게 만들고, 결정을 어렵게 만든다. 또한 결정을 내린 후 그 결과에 대해 책임을 져야 한다는 것도 어깨를 무겁게 할 것이다. 그렇다고 해서 결정의 순간을 피할 수는 없다.

'에벌린 패러독스Abilene paradox'라는 이야기가 있다. 미국의 한 교수가 텍사스에 있는 처가를 방문했다. 그는 집에서 쉬고 싶었지만, 장인이 "에벌린에 가서 밥이나 먹을까?"라고 물었다. 아내와 장모 모두 그렇게 하자는 분위기여서 별 말 없이 따라갔다. 그런데 왕복 170킬로미터 거리를 장장 4시간에 걸쳐 다녀왔지만 식사는 만족스럽지 못했다. 다른 사람들도 돌아와서 자신은 처음부터 가고 싶지 않았다는 이야기를 했다.

도대체 왜 이런 상황이 벌어지는 것일까? 보통의 경우 'No'라고 말하기 위해서는 확실한 대안을 제시해야 하는 번거로움이 있고, 또 결과를 책임져야 한다는 부담감에 암묵적으로 동의하는 편을 선택했기 때문이다. 그렇지만 그 결과는 어떠한가? 만족하는 사람이 하나도 없고, 시간과 휘발유만 낭비했을 뿐이다.

다른 사람들이 암묵적으로 동의하고 있는 상황이라도 다시 한 번 의

견을 확인하고 당신의 결정을 논리적인 근거를 바탕으로 지지하는가를 확인할 필요가 있다. 이 상황에서 한 사람이라도 '에벌린은 식사를 하러 가기에는 좀 멀다'는 이야기를 했다면 상황은 달라졌을 것이다. 분위기에 휩쓸리지 말고, 당신의 생각을 말하자.

타이밍을 놓치지 마라

전략적 결정을 내리기 위해 가장 필요한 것은 '용기'이다. 생각을 아무리 많이 한다고 해도 불확실성을 완전히 제거하는 것은 불가능하다는 사실을 인정해야 한다. 사람들은 정확한 데이터 수집에 지나치게 매달리는 경향이 있다. 하지만 데이터는 당신의 결정을 뒷받침할 뿐이지, 데이터 자체가 대신 결정을 내려주는 것은 아니다. 그렇기 때문에 불확실함 속에서 당신이 해야 할 일을 찾아내어 과감히 결정을 내리는 것이 중요하다.

요즘같이 조직이 거미줄처럼 연결되어 있어서 상호 연관성이 높은 매트릭스 조직에서는 관계를 조율하는 리더의 역할이 중요하다. 하지만 조화를 중시하는 리더일수록 결정을 내리는 상황을 낯설어 하고, 합의 없는 결정을 독단적이라고 느끼는 경우가 많다. 그래서 모든 사안을 합의를 통해 결정을 도출해 내기를 원하지만, 항상 합의가 이루어지는 것은 아니다. 또한 사소한 사안까지 모두 합의를 구하는 것은 조직의 자원을 낭비하는 것일 수 있다. 결정을 내리는 것은 리더로서 당연한 임무라는 사실을 잊지 말자.

그리고 결정을 내릴 때 시의성時宜性을 간과해서는 안 된다. 시장을 선점할 만한 제품을 먼저 개발해 놓고 시장에 내놓는 시기를 놓쳐 타사의 제품이 먼저 출시된다면, 소비자들은 개발 시점과 상관없이 타사 제품을 신제품으로 인식한다.

당신이 마케팅 매니저인데 때맞춰 결정을 내리지 못해 광고 일정에 차질이 생겼다고 생각해 보자. 세일즈 매니저는 광고가 제대로 뒷받침해 주지 못한다면 앞서 세운 판매 목표치를 달성하지 못할 수 있다고 할 것이다. 이렇게 되면 단순히 광고 일정이 늦어지는 것에 대한 책임뿐만 아니라, 판매 부진에 대한 책임까지 떠맡는 상황이 올 수도 있다.

앞서 전략적 사고에서는 안 되는 것을 생각하지 말라고 했지만, 결정 단계에서는 여러 변수를 대입한 시뮬레이션을 통해 상황을 예측해 보고, 전략을 실행하는 것보다 안 하는 것이 더 낫다는 판단이 들 경우 과감히 하지 않는 것도 필요하다. 다만, 이러한 판단을 뒷받침하기 위한 근거가 명확해야 한다.

결정을 잘하기 위한 팁

- 결정해야 할 것이 무엇인지 먼저 결정하라.
- 흔들리지 않을 결정의 근거가 무엇인지 먼저 알고 결정에 임해야 한다.

  손바닥 뒤집듯 상황에 따라 바뀌는 기준으로는 다른 사람을 이끌 수 없다.
- 어려운 문제를 피하지 마라. 모르는 척한다고 문제가 사라지진 않는다.
- 안 된다고 말할 때는 돌려 말하지 말고 직접적인 표현을 쓰되 그 이유를

  충분히 설명하라.
- 조직 내에서 용기 있는 결정을 하는 사람이나 당신이 결정을 내리는 데

  도움이 될 만한 사람을 찾아 조언을 구하라.
- 말하기 어려운 문제일수록 간결하고 명확하게 표현하라.

  돌려 말하는 것은 당신의 결정이 옳지 않다는 느낌만 줄 뿐이다.
- 결정을 내린 후에도 유연성을 가지고 있어야 한다. 새로운 정보 입수로

  불확실성이 다소 해결될 경우 결정을 수정할 수 있는 여지를 두는 것이 좋다.
- 순간의 인기에 좌우되지 말고, 악역을 맡더라도 존경받는 리더가 되라.
- 자신의 결정이 받아들여지든 거부되든 끝까지 흔들림 없는 자세를 유지하라.

One Point Lesson

해야 할 것과 하지 말아야 할 것을 구분하고, 용기를 갖고 결정하라.

중요한 결정은 사전에 충분히 조율하라

IT기업에서 10년째 마케팅 업무를 맡고 있는 조수연 부장은 주어진 시간 내에 업무를 마무리짓고야 마는 철저한 결과 위주의 리더로 실력을 인정받아 승진을 거듭했다. 그녀의 상사인 박 상무는 조 부장의 기획서라면 사전 검토 없이 사장에게 바로 보고할 만큼 신뢰가 대단하다. 부장으로 승진한 지 2년이 된 지금, 수년 내에 조 부장의 이사 승진을 의심하는 사람은 아무도 없을 정도이다. 스스로도 여성이라는 이유로 승진에서 누락되지 않을까 하는 걱정은 한 번도 해 본 적 없는 조 부장은 여직원들에게 좋은 모델이 되어 왔다.

하지만 지난 몇 달간 조 부장은 자신에 대한 실망과 위축감으로 힘든 싸움을 하고 있다. 여태까지 쌓아 온 경력에 균열이 생기고 있음을 감지한 것은 영업부와 마케팅부서의 공동 회의에서였다.

신제품 런칭을 앞두고 그녀는 대대적인 광고를 하기로 결정했고, 항상 만족할 만한 결과물을 만들어 낸 광고대행사와 함께 기획안을 준비했다. 그리고 영업과 마케팅 담당자들이 모인 자리에서 신제품의 성공적인 시장 진입을 도와 줄 새로운 광고 시안을 자신있게 발표했다.

그러나 발표가 끝날 무렵 조 부장은 무대에서 관객 없이 연기를 하고 있는 것 같은 느낌이 들었다. 대부분의 참석자들이 무표정한 눈빛으로 자신을 보고 있었던 것이다. 발표 후 영업담당 이사는 기획안의 효과성에 대해 심각한 의문을 제기했고, 신제품 판매담당인 이 과장 또한 실제 사례를 조목조목 들어가면서 정면으로 반박했다. 회의 말미에는 현장 사람들의 의견 수렴 없이 마케팅부서에서 일방적으로 업무를 처리한다는 항의까지 나왔다. 조 부장은 결국 광고 시안이 아직 확정된 것이 아니므로 고려의 여지가 있다는 선에서 회의를 마무리지을 수밖에 없었다.

허둥지둥 회의실을 빠져 나온 조 부장의 등에서 식은땀이 흘러내렸다. 솔직히 조 부장은 영업이사로부터 왜 그런 공격을 받아야 했는지 이해할 수 없었다. 광고대행사와 함께 소비자 조사도 했고 딱히 기획안에 결정적인 문제가 있는 것은 아니라고 생각한다. 하지만 왜 이런 반응이 나오게 되었는지는 몰라도 뭔가 크게 잘못되어 있다는 생각을 멈출 수가 없다.

서프라이즈 파티는 즐거운 일에만!

조 부장의 문제점은 무엇이었을까? 사실 그의 말대로 기획안 자체에 문제가 있었을 확률은 적다. 다만 오랫동안 주변의 신뢰 속에서 일을 해 오면서 혼자 결정하는 데 익숙해진 것이 문제였다. 이번 경우 마케팅부서에서 큰 그림을 그리는 것도 중요하지만, 물건의 직접 판매를 맡고 있는 영업팀의 협력이 없다면 성공적인 신제품 런칭은 불가능한 일이라는 것이다. 아무리 광고가 좋아도 영업부의 적극적인 실행이 없다면 신제품은 실체 없는 신기루에 지나지 않는다. 조 부장은 이러한 중요한 역할을 수행하는 영업부에 대한 배려가 전혀 없었던 것이다.

좋은 방향이든 나쁜 방향이든 타 부서에 영향을 주는 결정을 하거나, 타 부서의 적극적인 협조가 필요한 일을 결정할 때는 사전조율이 필수이다. 그렇지 않을 경우 조 부장의 사례에서와 같이 계획 자체가 실현되지 못할 가능성이 높다. 마냥 즐겁지만은 않은 일로 서프라이즈 파티를 원하는 사람은 없다. "깜짝 놀랐지요? 당신이 이 일을 다 맡아서 해야 해요!"라며 일을 해 달라고 할 수는 없는 것. 관련자들이 상황에 대해 충분히 공감할 수 있는 자리를 만든 후에 결정을 내리고 실행에 옮겨야 한다.

조 부장이 회의시간을 단순히 결정된 사안을 '발표' 하는 자리로 쓰기보다, 신제품 런칭이라는 커다란 사안에 대해 각 부서와 함께 방향을 공유하는 자리로 마련했다면 어땠을까? 그랬다면 우선 조 부장의 마음가짐도 달랐을 것이고, 영업부의 반박에 당황하지도 않았을 것이다. 다 정해졌다고 생각한 일에 반론이 있다면 충격이 크겠지만, 아직 결정이 나지 않은 상황에서의 지적은 당연히 받아들일 수 있는 여지가 있다. 또한 기획안 자체에 문제가 있을 가능성을 생각해 봐도, 사전조율이 있었다면 영업부에서 주장하는 문제에 대해 미리 언질을 받아 부족한 점을 보완할 수 있었을 것이다.

조 부장의 마음가짐과 기획안의 문제가 아닌, 단순히 영업부의 불편한 심기에서 비롯된 사건이라 해도 마찬가지다. 팀에 대한 배려 부족에서 발생한 오해 때문에 멀쩡한 기획안을 수정해야 하는 상황은 조 부장 개인의 문제에 그치는 것이 아니라 회사에 악영향을 미친다. 영업부는 마케팅부서에서 시키는 대로 하는 팀이 아니다. 영업이사의 불만은 그것이었을지도 모른다.

사전조율이 중요하다는 이야기는 커뮤니케이션에 가깝지 않느냐고 물을 수도 있다. '판단력'이라고 한다면, 상황을 보고 말 그대로 '판단'을 잘 하는 것이 핵심이 아니냐는 생각 때문이다. 하지만 실행이 뒷받침되지 않는 판단은 아무 의미가 없다. 누군가가 당신의 판단을 믿고 그것을 실행해야만 당신의 판단력이 빛을 발할 수 있다. 그래서 사전조율 과정이 꼭 동반되어야 하는 것이다.

사전조율을 위한 팁

- 당신의 결정에 영향을 받는 사람이 누구인지 고려해 보고 적어도 그 사람에게는 먼저 알려 주어야 한다.
- 위급한 상황이 아니라면 사전에 충분히 상의하는 시간을 가져라.
- 다 만든 답안을 구할 것이 아니라 당신의 의견을 보이고 그의 피드백을 구하라.
- 더 이상의 대안이 없다면 과감히 결정하라.

One Point Lesson

**아무리 훌륭한 제안도 다른 사람의 공감을
끌어내지 못하면 무용지물이다.**

올바른 판단은 상식에 기초한다

인사부 이여정 팀장은 최근 사업기획팀의 빈자리를 하루빨리 채워 달라는 요청을 받았지만 적합한 사람을 찾지 못하고 있다. 2주일 동안 사내에서 팀 이동을 원하는 사람을 대상으로 지원서를 받았으나, 지원한 사람들의 경력이 기준에 크게 못 미쳤다. 이 팀장은 일단 기획팀장에게 사정을 설명하고, 시기를 맞출 경우 기준에 다소 미달되는 사람을 뽑을 수밖에 없다는 점을 알렸다.

그러자 기획팀장은 다소 늦더라도 적임자를 찾아봐 줄 것을 요청했다. 예정된 기간보다 한 달이나 지체되기는 했지만, 팀원들이 업무 공백을 지원해 주어 결국 기획팀에 꼭 필요한 사람을 구할 수 있었다. 물론 기존 자료를 검토해서 적합한 경력이 있는 직원에게 권유 메일을 보내고, 매주 기획팀장에게 업무 진행 상황을 알리는 일을 소홀히 하지 않은 것이 주효했다.

올바른 판단을 위한 조언

옳은 판단이라는 것은 결국 상식이 통한다는 의미이다. 당신의 판단이 스스로의 논리에 맞을 뿐만 아니라 다른 사람에게도 공감을 불러일으켜야 한다는 것이다. 당신의 판단이 상식적으로 맞을 때, 비로소 사전조율이 가능하다.

그렇다면 올바른 판단을 내리려면 어떻게 해야 할까?

일단 현 상황에서의 올바른 결정이 무엇인가에 대한 정의를 해야 한다. 당장 문제를 정의하기가 버겁다고 느껴질 때는 복잡한 상황을 단순하게 만드는 방향으로, 불확실성을 조금이라도 줄이는 것을 목표로 하는 것이 좋다. 또 각각의 문제를 하나하나 떼어놓고 보기보다는 각 문제가 서로 어떤 식으로 영향을 미치고 있는지를 생각해 보는 것이 좋다. 문제 자체는 별개로 보여도 실제로 한 가지 원인에 의해서 여러 문제가 다른 양상으로 나타나기도 한다.

그리고 한 가지 결정 이외에 항상 대안을 염두에 두고 있어야 한다. 대안에 대한 분석을 통해 각 대안의 시사점을 살펴보고 실현 가능성이 있는지 테스트를 거쳐야 한다. 실현 가능성이 없는 대안은 대안이 아니다. 또한 결정이 내려진 후 실행에 옮기기 전에 결과적으로 발생할 수 있는 최악의 상황을 상정해 보는 것이 중요하다. 최선의 결과를 이끌어 내는 것도 중요하지만, 최악의 결과를 막는 것도 중요하기 때문이다.

이와 같은 과정을 통해 도출된 당신의 판단은 반드시 타인과 함께 조율하는 과정을 거쳐야 한다. 특히 어려운 상황일수록 다른 사람의 의견을 많이 들어보는 것이 좋다. 당신의 역할은 올바른 판단을 하는 것이지만, 누구에게도 도움을 받지 않고 판단을 내리라는 것은 아니다. 그렇기 때문에 당신의 판단을 실행할 부하직원이나 다른 팀들 뿐만 아니라 지원사격을 해 줄 상사와의 조율 또한 잊어서는 안 된다.

책임감을 가지고 판단하는 것은 기본이다. 또한 당신의 판단력을 높이기 위해서 하루 중 당신이 가장 좋은 컨디션일 때 결정을 내리는 것도 좋다. 계속된 야근으로 지친 당신의 판단은 당신이 피곤함을 더는 것을 우선으로 하는 결정일 수 있기 때문이다.

사람들이 흔히 하는 실수와 멀어지기

판단력에 있어서 '적시성適時性'은 양날의 검처럼 가장 다루기 어려운 문제이다. 보통의 경우, 시기적으로 적절성이 없는 판단은 죽은 판단이다. 상황이 다 끝날 때까지 판단을 질질 끌거나 지연해서는 안 된다. 심장소생술이 급한 응급환자를 앞에 두고 알레르기 검사를 해 봐야 한다며 전기충격기 사용 여부에 대한 판단을 미룰 수는 없는 것이다.

하지만 이처럼 시급한 문제가 아니라면 시간에 쫓겨서 즉흥적으로 결정을 내리는 것은 지향해야 한다. 판단에 앞서 '꼭 이렇게 빨리 결정하는 것이 필요한가?'라는 질문을 해 보자. 그리고 빠른 결정보다 시간이 좀 걸리더라도 올바른 판단이 더 필요한 사안이라면, 그와 연관된 사람들과 의논을 통해 판단 지연 시 발생할 수 있는 문제를 따져보고 과감히 판단을 미루는 것도 필요하다.

판단력에서 또 하나 어려운 부분은 자신의 판단을 관철하는 것이다. 판단에 대한 확신이 있을 경우 끝까지 밀고 나가야 한다. 판단이 필요한 상황에는 항상 위험요소가 도사리고 있기 때문에, 이를 감수하는 용기를 가지고 있어야만 당신의 판단이 실행될 수 있다. 이러한 일련의 관철 과정을 손쉽게 하기 위해서, 상식에 기반을 둔 결정과 사전조율이라는 두 가지 수단을 사용하는 것이다.

그렇다고 결정 이후에 무조건 밀고 나가는 것만이 상책은 아니다. 판단을 뒷받침했던 정보를 대체할 새로운 정보가 들어왔을 경우 열린 마음을 가지고 받아들이고, 필요한 경우 과감히 수정을 가하는 것 또한 판단력을 필요로 하는 일이다.

바꿀 수 있는 가능성을 항상 열어 두자. 판단을 바꾼다고 당신의 체면이 깎이는 것은 아니다. 당신은 다만 새로운 정보를 바탕으로 한 또 다른 올바른 판단을 하는 것일 뿐이다. 그리고 그것은 당신과 회사에 더 좋은 결과를 가져올 것이다.

올바른 판단을 위한 팁

- 발빠른 대처가 필요한 상황이 아니라면 경솔한 판단은 자제하라.
- 상사에게 도움을 요청할 때는 문제점만 들고 가서 답을 달라고 할 것이 아니라, 당신의 분석과 나름의 해결책을 보인 후 조언을 구하라.
- 판단을 늦추기로 한 경우에는 반드시 상황을 고려해서 마감시한을 설정하고 지켜라. 당신을 마냥 기다려 주는 사람은 없다.
- 일에 몰두하다 보면 세부적인 부분에 얽매이는 경우가 생긴다. 수시로 숲 전체를 보는 시간을 갖자.
- 여러 대안과 실행이 주요 이해 관계자들에게 어떠한 영향을 미칠지 고려해 본다.
- 대안 평가 시 전략적 중요도, 조직 내 수용도, 인적자원, 시간, 비용, 기술적 능력 등의 기준을 설정하고 표를 만들어 본다.
- 훌륭한 판단도 적절한 수행 계획이 없으면 무용지물이다.

One Point Lesson

훌륭한 분석력을 바탕으로 다른 사람도 공감할 수 있는 상식에 기초하여 내려지는 것이 옳은 판단이다.

전문성은 나의 힘

다국적 기업 인사부에 근무하는 추영미 과장은 급여 및 복지제도 업무를 맡은 지 얼마 되지 않아, 본사에서 새로 도입한 '글로벌 성과측정 및 급여제도'라는 새로운 제도를 국내에 들여오는 프로젝트를 상사인 박 부장과 함께 맡게 되었다. 성과와 급여 관련 제도인 만큼 시스템 구축 문제뿐만 아니라 전 직원에게 새로운 제도의 도입을 알리고 이해를 얻는 작업도 중요했다.

추 과장은 선진 제도를 배울 수 있는 절호의 기회라는 생각에, 본사에 수시로 질의를 해 가며 철저히 공부했다. 그렇게 해서 새로운 제도를 완벽하게 이해하고 전산부와 함께 급여 시스템 구축까지 순조롭게 진행시켰다. 또 곧 있을 직원 대상 설명회를 위한 프레젠테이션 자료 작성에 힘을 쏟았다. 시간에 쫓겨 사무실에서 밤을 새우기 일쑤였고, 급기야 링거까지 맞아 가며 프레젠테이션 준비와 동시에 최종 실행 전 시스템 확인 점검에 여념이 없었다.

추 과장이 이렇게 바쁘게 일하는 동안 박 부장은 업무 보고를 받는 것 외에 별다른 관심을 보이지 않았다. 그러다 보니 제도에 대한 이해도 떨어지고 프로젝트 진행은 결국 추 과장이 도맡아 할 수밖에 없었다. 추 과장은 새로운 업무에 대한 압박감도 있었지만 오히려 실력 발휘를 할 수 있는 기회가 생겼다는 생각에 더욱 열심이었고 그만큼 성취감도 컸다.

그런데 직원 설명회를 개최하기 며칠 전, 인사담당 이사가 추 과장을 불러 박 부장이 설명회를 진행하도록 양보하는 것이 어떻겠느냐고 했다. 추 과장이 열심히 한 것은 잘 알지만, 박 부장의 체면을 위해서 양보하는 것이 어떠냐는 것이었다. 만약 매니저가 커뮤니케이션을 하는 것이 조직의 효율성면에서 더욱 긍정적이지 않겠느냐며 그런 제의를 했다면 오히려 받아들이기 쉬웠을 것이다. 추 과장은 이 부당한 제의를 도무지 받아들일 수가 없었다.

대체 불가능한 당신!

추 과장은 일단 마음을 가라앉히고 박 부장이 이 설명회를 진행할 경우 어떤 점에서 더 효과가 있다고 생각하는지 물었다. 인사담당 이사는, 프로젝트를 주도한 추 과장이 민감한 질문에 대해 명쾌한 답을 할 수 있겠지만 그럴 경우 박 부장의 체면이 서지 않을 것 같다며 말을 흐렸다. 추 과장은 다시 박 부장이 설명회를 이끌어 간다고 가정했을 때 우려되는 부분은 없는지 물었다. 그리고 이번 설명회를 통해서 직원들의 이해를 끌어내는 것이 무엇보다 중요하므로 새로운 제도에 대해 잘 알고 있는 자신이 적임자라고 강조했다.

또한 박 부장이 추 과장의 윗사람이라는 사실을 모르는 직원은 없기 때문에, 설명회가 성공적으로 끝난다면 그 공은 당연히 박 부장에게 돌아갈 것이라고 말했다. 특히 성과 측정이나 급여제도 변경은 전 사원의 관심이 집중되어 있는 사안이라 많은 질문이 예상되는데, 박 부장이 답을 제대로 하지 못한다면 그것이 오히려 체면이 손상될 거라고 했다.

이사를 설득해서 진행한 설명회는 대성공이었다. 추 과장은 새로운 제도 도입에 일말의 불안감을 가지고 있던 직원뿐만 아니라, 새 제도를 피상적으로만 알고 있던 임원들에게도 성과와 급여제도에 관한 전문가의 이미지를 확실히 심었다. 박 부장 또한 훌륭한 부하직원을 두었다는 부러움과 동시에, 매니저로서 어려운 프로젝트를 성공적으로 수행했다는 평가를 받았다. 특히 이사는 추 과장의 업무수행 능력뿐 아니라 설명회 이전에 보여 준 전문성과 적극성, 그리고 자기주장성에 대해 높이 평가했다. 차기 부서장 승계 리스트에 추 과장의 이름을 올리게 된 순간이었다.

추 과장의 말대로 설명회의 핵심이 이미 정해진 내용을 단순히 전달하면서 권위로 사람들을 설득해야 하는 것이었다면 추 과장의 양보가 필요했을 수 있다. 하지만 내용에 대한 정확한 이해를 바탕으로 설명회에 참가한 사람들을 이해시키고, 제도 도입의 당위성에 대한 설득이 필요했기에 그 분야를 가장 잘 알고 있는 사람이 적임자인 것이다. 업무에 있어서 전문성을 확보한 순간, 당신의 자리는 그 누구도 대체할 수 없게 된다. 다른 사람이 쉽게 대체할 수 없는 당신, 그것이 바로 전문성의 힘이다.

전문성, 사람들을 끌어오는 자석

회사 내에서 가질 수 있는 힘은 두 가지에서 비롯된다. 하나는 직위에서 나오는 힘이고, 다른 하나는 전문성에서 오는 힘이다. 당신이 리더라면 두 가지 힘을 잘 조화시켜야 할 것이다. 하지만 지금 리더의 위치에 있지 않더라도 전문성을 갖추고 있다면 상사들도 당신의 의견을 쉽게 무시할 수 없다. 결국 전문성만큼 큰 힘을 발휘하는 것은 없다는 것이다. 능력 없이 직위만으로 다른 사람을 이끌고 가려는 상사들을 많이 보아왔을 것이다. 그리고 그들이 어떤 식으로 평가받는지는 굳이 말하지 않아도 알 것이다.

당신이 전문성을 갖추고 있다면 다른 도움을 얻고자 하는 사람들이 먼저 다가오게 되어 있다. 그 과정에서 당신은 전문가의 이미지를 쌓아갈 수 있다. 자신의 전문분야가 아닌 일을 진행하다 보면 다른 사람에게 조언을 구하는 것이 필요하다. 하지만 자신의 업무를 이해하지 못해서 매번 팀원이나 상사의 도움을 요청하는 사람이라면 이야기는 다르다. 당신은 다른 사람이 필요로 하는 사람인가? 아니면 다른 사람을 필요로 하는 사람인가?

전문성은 당신이 수시로 사용하는 무기이다. 그렇기 때문에 전문가로 인식되고 있는 당신의 현재 모습도 중요하지만, 수시로 전문성을 갈고 닦는 노력을 기울여야 한다는 점을 간과해서는 안 된다. 전문성을 잃고 있지는 않은지 스스로 점검해 보자. 더 많은 것을 배우려는 노력이 없다면 당신의 전문성은 시간이 지날수록 빛을 잃을 것이다. 갈고 닦지 않으면 먼지가 쌓이기 마련.

특히 요즘과 같이 새로운 정보가 홍수처럼 쏟아지는 상황에서는 잠깐의 방심도 금물이다. 구르는 돌에는 이끼가 끼지 않는다. 전문성이 무뎌지지 않도록 노력하자.

기업문화에 따라 다르게 적용하는 것이 관건

이번 사례의 경우는 다국적 기업에서 있었던 일로, 외국인 임원이 부하직원의 자기주장에 대해 거부감이 없는 상황이고 논리가 확보되어 있었기에 설득이 가능했다.

하지만 한국 기업에서라면 추 과장과 같은 직설적인 화법은 효과를 거두기 어려울 수 있다. 한국 기업에서도 물론 전문성이 중요하지만, 다소 보수적인 기업문화라면 임원의 의견을 따르지 않고 설득하는 것이 긍정적으로 평가되기보다는 권위를 무시하는 것으로 보일 수도 있기 때문이다.

그러므로 일단 자신이 몸담고 있는 기업의 문화와 상사의 성향을 파악하고 접근하는 것이 중요하다. 혹은 우회적으로 조율하는 것도 한 가지 방법이다. 예를 들어, 추 과장의 경우 일단 임원의 제안을 받아들인 후 박 부장이 발표 시작을 맡고 나머지 자세한 부분은 자신이 하는 방법을 구사할 수도 있다.

최근 들어 한국 내 기업문화가 많이 바뀌기는 했지만, 회사마다 특유의 문화가 있다. 대세를 거스르기보다는 당신의 전문성을 회사 문화에 맞게 표출하는 방법을 찾아내는 것을 권하고 싶다.

마지막으로 추 과장의 이야기를 보태자면, 박 부장은 회사를 떠나고 추 과장이 그 뒤를 이어 부장으로 승진했다. 박 부장의 체면을 세워 주고자 했던 이사도 박 부장이 전문성이 떨어지고 결과적으로 추 과장을 통해서만 업무가 가능하다는 사실을 인정할 수밖에 없었던 것이다. 결국 프로젝트 성공 이후 이렇다 할 실적을 보이지 못한 박 부장은 성과 관리가 미흡하다는 이유로 새로운 제도 도입 이후 처음 회사를 나간 케이스가 되었다.

전문성을 높이기 위한 팁

- 당신이 원하는 분야에서 뛰어난 역량을 보이는 사람을 찾아보고, 그와 함께 일하거나 친분을 쌓을 수 있는 기회를 놓치지 마라.
- 경력의 폭을 넓혀 줄 수 있는 분야에 대한 관심의 끈을 놓지 마라.
- 전문성을 향상시키는 업무에 대해 상사에게 조언을 구하라.
- 직원들에게 당신의 강점과 개선점이 무엇이라고 생각하는지 물어보라.
- 직속 상사 외에도 조언자가 될 만한 사람을 찾아라.
- 최근 트렌드를 놓치지 않기 위해 자기 분야에 관한 최신 서적을 읽어라.
- 당신이 속한 분야의 전문가 모임에 적극적으로 참여하라.
- 회사 내에서 당신의 전문지식을 필요로 하는 사람이 있다면 충분히 도와 주라. 조직 내 도움이 되지 못하는 전문성은 쓸모가 없다.

One Point Lesson

자신의 일에 관한 한 최고의 전문가가 되라.
그리고 당당히 주장하라. 아무도 당신을 대신하지 못할 것이다.

당신이 아무리 많은 것을 가지고 있고 알고 있다고 해도 커
뮤니케이션을 통하지 않고는 누구에게도 영향을 미칠 수
없다. 리더십은 커뮤니케이션이다. 당신의 업무능력이 알맹
이라면, 커뮤니케이션은 그것을 보기 좋게 포장하고 살아
있게 하는 것이다.

제3장

업무능력을 높여 주는 커뮤니케이션

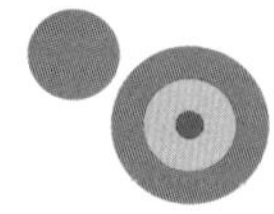

커뮤니케이션의 중요성은 굳이 강조하지 않아도 누구나 알고 있다. 커뮤니케이션을 하지 않고 살아갈 수 있는 사람은 없기 때문이다. 하지만 커뮤니케이션 스킬에 문제가 있어도 그것을 잘 인식하지 못하는 경우가 많다. 게다가 개인이 가지고 있는 커뮤니케이션 방식은 아주 오래 전에 형성된 것이어서 쉽게 고쳐지지 않는다.

업무면에서 볼 때도 커뮤니케이션은 중요하다. 리더로서 다른 사람과 소통하는 방법이 부족할 경우 신뢰를 쌓기가 어려워지고, 다른 사람과 커뮤니케이션 하지 않고 혼자 결정하여 독불장군이란 인식이 형성되면 사람들의 지지를 얻기 힘들다.

당신이 아무리 좋은 기획안을 내놓아도 프레젠테이션에서 시선 처리를 제대로 하지 못하고 불안하게 발표할 경우 사람들은 당신의 능력을 의심할 수 있다. 또한 핵심을 잘 정리하지 못해서 생각나는 내용을 모두 기획안에 써넣으면 복잡하다고 타박을 받기 십상이다.

조직은 한두 사람이 모여서 서로 좋은 말만 하며 우의를 다지는 곳이 아니라 각자 다른 배경과 경험을 가진 수백 명, 많게는 수천 명이 모여서 나름대로 우선순위를 가지고 일하는 곳이다. 그래서 사람 수만큼 크고 작은 갈등은 언제 어디서나 일어난다. 개인의 갈등이 팀의 갈등으로 확대되고, 급기야 중요한 사업이나 조직의 전략에 영향을 미칠 수도 있다. 리더로서의 당신이 이런 상황을 얼마나 효과적으로 잘 관리하느냐는 것은 팀의 성과는 물론이고 조직의 성과에도 지대한 영향을 미친다.

조직에서 일어나는 문제의 85% 이상이 커뮤니케이션 문제라는 말은 커뮤니케이션이 얼마나 중요한지를 단적으로 보여 준다. 당신이 아무리 많은 것을 가지고 있고 알고 있다고 해도 커뮤니케이션을 통하지 않고는 누구에게도 영향을 미칠 수 없다. 리더십은 커뮤니케이션이다. 당신의 업무능력이 알맹이라면, 커뮤니케이션은 그것을 보기 좋게 포장하고 살아 있게 하는 것이다.

제3장에서는 커뮤니케이션을 잘 하기 위한 방법뿐만 아니라, 여성 리더에게 부족하기 쉬운 대인관계에서부터 갈등관리와 조직 내 파워 메커니즘을 이해하고 활용할 수 있는 조직정치까지 폭넓게 언급하고자 한다.

당신만의 인맥을 구축하라

입사 10년차인 오유진 과장은 부서에 문제가 생기면 적극적으로 해결방안을 내놓아 '해결사'로 불린다. 그럴 때마다 상사는 물론 주위 사람들로부터 "역시 오 과장이야!"라는 말을 듣는다. 물론 시샘하거나 견제하는 동료도 있지만, 오 과장은 업무적으로 인정을 받고 있다고 생각했다.

하지만 언제부터인가 분위기가 이상했다. 특히 남자 동료들의 시선이 곱지 않게 느껴졌고, 업무 협조도 잘 이루어지지 않았다. 오 과장이 제안한 프로젝트에 시큰둥한 반응을 보일 뿐만 아니라 급히 처리해야 할 사안이 생겨도 모르는 척 퇴근해 버리기 일쑤였다. 도와 달라는 부탁을 하면 "능력 있는 오 부장이 웬일이야, 부탁을 다하게?" 하며 비꼬는 경우도 많았다.

그래도 거기까지는 참을 수 있었다. 얼마 전 인사 발령이 있기 전까지는. 오 과장의 부서에는 자신을 포함해 세 명의 과장이 있고, 그 중 오 과장과 다른 남자 동료인 김 과장이 승진을 두고 알게 모르게 경쟁을 하고 있었다. 김 과장의 능력도 훌륭하긴 하지만, 매번 부서의 문제를 해결하고 밤낮 가리지 않고 업무에 매달린 자신이 당연히 먼저 승진하리라 생각했다. 하지만 인사 발령이 있던 날, 오 과장이 도저히 이해할 수 없는 일이 벌어졌다. 김 과장이 차장 발령을 받은 것이다.

오 과장은 잘 나가다가 급제동에 걸려 나동그라진 것 같은 기분이 들었다. 매일 저녁 가족과의 시간도 포기하고 일을 선택했던 자신이 우습게 느껴졌고, 무엇보다 주변 사람들이 '혼자서 똑똑한 척하더니 잘 됐군' 하는 것 같아 견딜 수가 없었다. 하루하루 일할 의욕도 잃고 주위 시선을 신경 쓰다 보니 감정을 컨트롤하기가 어려웠다. 부서장에게 달려가 자신이 왜 탈락되었는지 항의하고 싶은 마음을 다스리는 것도 고역이었다. 매일 출근하면서 사표를 던져야 하나 하는 고민이 끊이지 않았다.

하지만 단순히 차장이 되기 위해 일한 것은 아니었다. 일이 좋아서 열심히 했고, 분명 사람들도 자신의 능력은 인정하고 있다. 또한 이제 보이기 시작한 길을 포기할 수는 없다.

당신이 무시하고 지나간 소중한 것들

오 과장은 10년 동안 치열한 경쟁 속에서 과장 자리까지 오른 것도 쉽지 않았고, 누구 못지않게 열심히 일했기 때문에 더 억울한 마음이 들었다. 그리고 정당한 대우를 받지 못했다는 생각에 많이 지쳐 있다.

오 과장은 사내에서 업무적인 이야기는 많이 하지만 개인적인 이야기는 별로 할 기회가 없었고, 회식은 거의 참여하지 않는 편이었다. 처리해야 할 일이 많기도 하지만, 밥 먹고 술 마시며 시시껄렁한 잡담이나 하는 자리는 무의미하다는 생각이 들었기 때문이다. 더군다나 집에서 기다릴 아이 생각을 하면 회식과는 거리가 멀기만 했다.

코칭을 통하여 오 과장은 자신이 생각하고 있는 회식과 실제 참석해 보고 느낀 회식에 대해 적어 오라는 숙제를 받았다. 오 과장은 여태까지 얼굴도 내밀지 않다가 새삼스럽게 회식자리에 간다는 것이 부담스러웠다.

하지만 일주일 후 다시 만난 오 과장의 표정은 한결 밝아 보였다. 그는 용기를 내어 김 과장의 승진을 축하하는 회식자리에 참석했다. 처음에는 서먹했지만, 진심으로 축하한다는 말을 건네는 오 과장에게 김 과장이 고맙다고 화답하면서 분위기가 차츰 밝아지기 시작했다. 2차로 노래방에 가서 신나는 노래를 부르면서, 오 과장은 정말 오랜만에 업무에 대한 고민이나 경쟁의식 없이 편안한 마음으로 즐길 수 있었다. 또한 처음 생각처럼 술자리가 시시한 이야기로 가득 찬 것도 아니었다. 세상 돌아가는 이야기나, 다른 회사에 있는 친구로부터 들은 정보, 그리고 직장 내 사람들에 대한 중요한 이야기가 오고갔다.

또한 자신보다 업무능력이 떨어진다고 생각했던 김 과장은 동료들에게 어떤 사정이 있는지 속속들이 알고 있었고, 사안에 따라 동료들을 배려하고 있었다. 심지어 분위기를 어색하게 만들 수도 있는 오 과장의 등장에도 불편하지 않도록 계속 말을 붙이는 등 세심함을 보였다. 동료들은 회식자리를 통해 인간적인 친밀함과 단단한 결속력을 다지고 있었던 것이다.

오 과장은 그 속에서 자신의 존재가 매우 희미하다는 것을 알게 됐다. 눈앞의 목표에 치우쳐서 업무능력만 인정받으면 된다는 생각에, 팀워크를 소홀히 하고 주변 정보에 어두웠던 자신의 모습을 깨닫게 된 오 과장은 비로소 마음이 편해졌다. 김 과장은 자신이 갖추지 못한 대인관계 능력이라는 장점을 가지고 있다는 점을 수긍하게 된 것이다. 그리고 다음 번 승진은 자신의 차례로 만들 수 있다는 새로운 자신감이 차올랐다.

여러 사람과 함께 일하는 곳

회사, 그리고 당신이 속한 부서는 한 명의 힘으로 움직이는 곳이 아니다. 여러 명의 동료와 부하직원, 그리고 상사가 정해진 목표를 이루기 위해 업무를 나누고, 협력하고, 때론 경쟁하는 곳이 바로 조직이다. 그 안에 있는 많은 사람들은 모두 감정이 있고, 그렇기 때문에 그 사람들과 친밀감을 쌓는 것은 업무와 마찬가지로 매우 중요하다. 당신이 로봇과 일하는 것은 아니기 때문이다.

모든 회식에 참석하라는 이야기는 아니다. 하지만 공식적인 자리나 축하하는 자리, 그리고 어려움을 겪은 동료를 위로하는 자리 등은 빠지지 않는 것이 좋다. 결혼식이나 상가喪家를 방문하는 것과 마찬가지로 생각하면 된다. 사무실을 공식적인 장이라고 한다면, 이러한 자리들은 비공식적인 장이다.

물론 실제로 시시껄렁한 이야기만 하는 사람이 있을 수 있다. 그런 자리는 편하지도 않고, 시간 낭비처럼 느껴진다는 점에는 동의한다. 하지만 그 사람이 싫다고 여러 사람이 참석하는 모임에 가지 않을 수는 없는 법이다. 당신이 굳이 그 이야기에 동의할 필요는 없다. 그저 들어주면서 가끔 맞장구를 쳐주면 된다. 들어주는 일에 돈이 드는 것은 아니지 않은가. 그리고 적절한 타이밍에 자리를 옮겨서 다른 사람과 이야기를 나누면 그만이다.

당신은 이런 비공식적인 대화 과정을 통해서 업무적으로는 전혀 알지 못했던 사람들의 면모를 발견할 수 있다. 업무를 함께 하면서 그 사람의 능력을 파악할 수 있다면, 회식이나 워크숍 같은 자리는 다른 사람의 성품이나 장단점을 파악할 수 있는 기회가 된다. 리더를 꿈꾸는 당신이라면 '사람'에 대한 정보가 풍부해야 한다.

멀리 내다보자. 당신은 회사 내 사람들에 대한 평가 데이터베이스를 구축하고 있는 것이다. 그리고 당신만의 데이터베이스는 후에 당신이 리더가 되었을 때 사람을 적재적소에 쓸 수 있는 힘이 될 것이다.

자, 아직도 업무 외의 비공식적 자리가 무의미한 시간 낭비로 보이는가?

인맥 구축을 위한 팁

- 사람들과 일상적인 대화를 나눌 때, 판단을 내리거나 평가하는 태도를 버리자.

- '입'을 열기보다 '귀'를 열어 두자.

- 기본적인 인사말을 잊지 말자. 밝은 아침인사는 물론이고, 지위가 올라 갈수록 잊기 쉬운 '고마워요'라는 감사 표시를 항상 기억할 것!

- 타인의 감정을 상하게 했을 경우에는 반드시 사과하라, 그것도 최대한 빨리.

- 동료가 어려움에 처해 있을 때, 진심으로 당신의 감정을 표현하라. 경조사를 잘 챙기는 것은 기본이다.

- 동료들과 업무 외 시간을 마련하라. 굳이 술자리가 아니라도 영화나 공연을 보고 이야기를 나눌 수 있다.

- 첫인상이 중요하다. 사람을 처음 만날 때는 친절하고 긍정적인 모습을 보이자.

- 주변 사람을 돌아보지 못할 만큼 바쁜 사람은 없다. 바쁘다는 이야기는 관심이 없다는 것을 돌려 말하는 변명일 뿐이다.

One Point Lesson

**전문가로서의 성공은 업무능력에서 시작되고,
리더로서의 성공은 대인관계 능력을 플러스 할 때 시작된다.**

갈등 없는 직장은 없다

문정옥 차장은 엘리베이터 안에서 평소 껄끄럽게 여기던 사람을 만났다. 그와는 한때 마케팅부서에서 함께 프로젝트를 진행하다가 서로 의견이 맞지 않아 심하게 충돌한 적이 있다. 그 후 마음속에 앙금이 남아 있었는데, 뜻밖의 장소에서 맞닥뜨리니 여간 당황스러운 것이 아니었다. 엉거주춤 인사를 하기는 했지만 왠지 찜찜한 기분이 들었다. 아니나 다를까, 그가 부서장으로 발령이 난 것이다. 아무리 원수는 외나무다리에서 만난다지만, 직속 상사로 올 줄은 상상도 못했다.

신임 부서장의 인수인계가 끝난 뒤, 문 차장은 심혈을 기울여 만든 제안서를 들고 부장에게 갔다. 그런데 부장은 제안서를 대충 훑어보고는 냉랭한 표정을 지었다. 문 차장은 순간 '올 것이 왔구나' 하면서 아무 말 없이 제안서를 들고 나와야 했다. 부장이 예전 일 때문에 자신을 부당하게 대우한다는 확신이 들었다. 이런 굴욕을 계속 참아야 할지, 아니면 이 기회에 경쟁사로 옮겨야 할지 별별 생각이 다 들었다. 도대체 어떻게 해야 하는 것일까?

상사도 차마 말 못하는 것이 있다

문 차장은 부장이 제안서를 보고 냉랭한 표정을 지은 것이 감정적인 이유라고 성급하게 속단하고 있다. 물론 부장의 행동이 지극히 감정적으로 보이는 것은 사실이다. 하지만 단순히 개인적인 감정 때문에 문 차장을 괴롭히려고 그런 행동을 했다고 보기는 어렵다. 부서장은 부서 안에서 발생하는 일에 책임이 있으며, 좋은 성과를 내지 않으면 자신의 위치도 보장받지 못하기 때문이다.

개인감정이 아니라면 왜 그런 행동을 했을까? 부장도 예전에 있었던 일을 기억하고 있는 것은 분명하다. 그렇다면 문 차장이 자신을 상사로 인정하는지에 대한 확신이 서지 않아 과장된 방식으로 권위를 표현한 것일 수도 있지 않을까? 그런 이유라면 문 차장이 부장을 상사로 인정한다는 제스처를 취하는 것이 해결책이 될 수 있다.

문 차장은 일단 부장의 반응에 온갖 신경을 곤두세우던 방어기제를 버리고, 이전의 묵은 감정은 없던 일로 생각하기로 했다. 매일 웃는 얼굴로 인사를 했고, 제안서를 들고 갔다가 나올 때는 반드시 "부장님의 피드백을 받고 싶습니다. 부탁드립니다"라는 말을 남겼다. 그리고 적절한 지적이 있을 경우에는 감사를 표시하고 의견을 적극 받아들였다.

문 차장의 노력은 헛되지 않았다. 부장의 태도는 확연히 달라졌으며, 함께 진행하는 업무도 훨씬 원활하게 진행되었다. 그 후 서로 신뢰가 쌓이면서 문 차장과 부장 사이에 이견이 생겨도 이를 감정적으로 받아들이는 일은 사라졌다.

새로운 곳으로 발령을 받는다는 것은 기존 사람들이 관계를 형성하고 있는 낯선 곳으로 들어가는 것이다. 부장의 입장에서는 그 안에 자신과 껄끄러운 관계였던 사람이 있다는 사실만으로 위기감을 느낄 수 있다. 그렇다고 문 차장에게 "나를 상사로 인정하고 있는가?"라고 물어볼 수는 없는 노릇이다. 커뮤니케이션은 말로만 이루어지는 것은 아니다. 사람은 말을 하기 껄끄러운 상황에는 행동으로 자신의 의사를 전달한다. 그 안의 숨겨진 의미를 찾는 것이 중요하다.

갈등 없는 직장은 없다

여성들은 사내에서 일어나는 갈등관계를 지나치게 개인적으로 받아들인다. 하지만 수많은 사람들과 살아가면서 아무런 갈등 없이 지내는 것은 불가능하다. 그럼에도 여성들은 갈등 자체를 바람직하지 않은 것으로 보기 때문에, 사내 갈등관계를 실제보다 훨씬 심각하게 여긴다. 그리고 갈등관계로 인해 벌어지는 행동을 단순히 감정적인 원인에서 비롯된 것으로 생각한다. 물론 이것은 매우 쉬운 방법이기는 하다.

하지만 '저 사람이 나를 싫어하니까 그런 행동을 하는 거야'라는 생각은 문제 해결에 전혀 도움이 되지 않는다는 점을 명심하라. 나를 싫

어하는 사람만 없어지면 일을 잘 할 수 있을 거라는 생각은 아무리 해
봐야 소용없다. 그 사람이 제 발로 회사를 나가지 않는 이상, 결국 당신
에게 필요한 것은 그 사람이 나에게 그런 행동을 하는 진짜 이유를 찾
아내는 것이며, 그것이 문제를 풀 수 있는 실마리이다.

그런 면에 있어서 사람들이 갈등 상황에 어떤 식으로 대응하는지를
파악하는 것이 중요하다. 사람들은 평상시 일어나는 갈등에 대해 다음
과 같이 반응한다.

싸움형 : 상대방에 대한 고려가 전혀 없고 자기 관심에만 집중해서 상
대는 지게 만들고 자신이 이기는 결과를 만들어 내는 것을 우
선으로 한다.

협력형 : 양자의 관심사가 모두 중요해서 쉽사리 하나를 버리고 다른
하나를 얻는 타협을 하기가 어려운 경우, 서로 도움을 주고
받아 양자가 만족하는 윈-윈 결과를 만들려 한다.

양보형 : 자신의 요구 중 일부를 양보해서 상대로부터 원하는 것 일부
를 얻어내는 유형. 이 경우 단기적인 해결은 되지만 장기적
으로 양쪽 모두를 만족시키지 못할 수도 있는 단점이 있다.

수용형 : 자신의 관심사보다는 상대의 관심사를 우선적으로 받아들
이는 유형. 갈등 상황에 직면하는 것 자체를 힘들어하는 여
성들에게서 많이 나타난다.

포기형 : 주로 상대에 비해 힘이 약해서 상대가 제시하는 대로 따르

는 유형. 갈등을 효과적으로 관리하기보다는 상황을 빨리 정리하려는 사람들이 선택한다.

당신은 위 유형 중 어떤 형태로 갈등을 해결하는가? 실제로 업무현장을 둘러보면 사람들이 다양한 방법으로 갈등 상황에 대처하고 있음을 보게 된다. 싸움닭인 사람은 어떤 상황에서든 일단 소리부터 지르며 싸우는 자세로 달려들고, 그와 반대로 '착한 사람' 콤플렉스에 빠진 것처럼 상대가 뭐라 말하기도 전에 일단 백기부터 드는 사람도 볼 수 있다.

그렇다면 다섯 가지 중 어떤 방법을 사용하는 것이 갈등관리에 가장 효과적일까? 사실 어떤 한 가지 유형이 가장 효과적이고 절대적이라고 단정할 수는 없다. 갈등 상황을 효과적으로 잘 관리하는 사람은 이 다섯 가지 방법을 상황에 따라 능수능란하게 구사한다. 별일이 아닐 때에는 상대의 기분에 맞춰 선뜻 백기를 들어 좋은 이미지를 심어 주기도 하지만, 절대 포기할 수 없는 경우에는 과감하게 목소리를 높일 줄도 안다.

갈등을 해소할 수 있는 가장 효과적인 방법은 결국 자신을 통제하고 관리하면서 적절한 대응책을 구사하는 것이다. 하지만 자신의 감정을 통제하지 못하고 부적절한 대응을 함으로써 갈등관리에 실패하게 되는 경우가 많다.

문제의 핵심은 감정을 통제하면서 자신이 원하는 것과 상대가 원하는 것이라고 예상되는 것 사이에서 어떤 태도를 취할지 선택하는 것이다. 또 하나 중요한 점은 얻는 것뿐만 아니라 당신이 취한 전략에 따라 잃을 수 있는 것에 대한 계산을 잊어서는 안 된다. 얻는 것이 잃는 것보다 많은 게임에 승부를 거는 것은 기본이다.

문 차장의 경우처럼 권위를 내세우는 상사와의 갈등관계는 여성뿐만 아니라 남성도 흔히 겪는 일이다. 그리고 분명 리더로서 부하직원의 악감정을 자극하는 것은 좋은 방법이 아니다. 하지만 당신은 여러 명의 상사를 거치면서 리더의 길을 가고 있는 사람이다. 그렇다면 윗사람과의 좋은 관계를 통해서 지원을 이끌어 내는 것이 중요하다. 권위를 중시하는 사람이라면 깍듯한 존대나, 상사의 의견을 흔쾌히 받아들이는 보고방식 등의 다양한 행동을 통해 그 사람의 권위를 인정한다는 것을 보여 주는 것이 좋다.

이것은 비록 권위가 없는 무능한 상사라 할지라도 마찬가지다. 조직에는 분명 위계라는 것이 있다. 외부에서 보는 시각이나 당신의 평가와는 상관없이 조직 내 관계를 염두에 두고 적절히 행동하라.

효과적인 갈등관리를 위한 팁 1

- 타인의 입장에서 생각해 보고, 당신이라면 어떻게 느끼고 행동할지
  예측해 보라.
- 갈등관계를 오히려 관계를 강화해 주는 기회로 생각하고 접근하라.
  어른도 싸우면서 큰다.
- 감정을 최대한 배제하라. 갈등은 서로 다른 상황이나 생각에서 오는
  것이지, 사람 때문에 생기는 것이 아니다.
- 상대방의 말뿐만 아니라 행동도 종합해서 생각하라.
- 상사와 팀원 각자의 스타일이나 강점, 약점에 대해 파악하고 있어야 한다.
- 상사의 피드백은 돈을 주고도 살 수 없는 귀중한 자원이다.
  자신의 약점을 고칠 수 있는 절호의 기회로 삼으라.
- 당신이 상사의 조언을 받고 어떻게 달라졌는지 보여 주는 것도 중요하다.
  누구든 자신의 조언을 받아들인 사람에게 좋은 이미지를 갖는 법이다.

One Point Lesson

갈등이 생기지 않는 곳은 없다. 감정에 치우친 대응은 금물!
숨겨진 의미를 파악하고, 상황에 맞게 대응하라.

민여옥 과장은 아이디어도 많고 똑똑한 사람이라는 평을 듣는다. 그리고 어떤 문제가 생기면 같은 부서원뿐만 아니라 타 부서원에게까지 의견을 묻기 때문에 다른 부서에서도 민 과장을 좋게 생각하는 편이다.

하지만 민 과장과 같은 부서에 있는 직원들은 모두 고개를 내젓는다. 그가 다른 사람의 의견을 듣고 이를 정리해서 회의 때 마치 자신의 아이디어인 양 제안서를 낸다는 것이다. 이러한 사실을 모르는 상사들은 그가 아이디어를 낼 때마다 칭찬을 아끼지 않는다.

이런 일이 수차례 반복되자 부서원들은 술렁이기 시작했다. 특히 민 과장 때문에 회의 시간 내내 꿀 먹은 벙어리처럼 앉아 있어야 했던 사람은 더욱 억울하다는 반응이다.

당신이라면 어떻게 대응할 것인가?

사실 여러 사람의 이야기를 듣고 새로운 아이디어로 포장하는 것도 역량이라면 역량일 수 있다. 어쨌든 흩어져 있는 구슬을 꿰어 목걸이를 만든 사람이긴 하니까. 하지만 그 역량이 부서의 분위기를 흐린다면 그런 역량은 발휘하지 않느니만 못하다. 만일 당신이 민 과장의 동료라면, 그리고 아이디어를 '도난당한' 당사자라면 다음의 세 가지 중 무엇을 선택하겠는가?

- 나는 소심녀, 조용히 지나간다.
- 민 과장을 따로 만나 이야기한다.
- 현장에서 지적한다.

과연 어떤 방법이 가장 좋을까? 다들 알겠지만, 첫번째 '조용히 지나 간다' 는 바람직하지 않다. 당신의 아이디어를 도용당하고도 두고 보는 것은 당신이 무능력하다는 이야기밖에 안 될 뿐만 아니라, 나중에는 당 신의 제안서를 통째로 훔치려 들지 모르는 법이다. 뒤늦게 후회해도 아 무도 알아주지 않는다. 자신의 권리를 지키지 못하는 사람을 믿고 일을 맡길 수 있을까?

두 번째 '따로 만나 이야기한다' 는 50점이다. 본인이 열심히 돌아다 니며 모은 정보를 정리했을 뿐인데 뭐가 잘못이냐고 항의한다면 답변 도 궁색해지고, 오히려 자신을 질시하는 사람으로 치부될 수 있다.

가장 좋은 방법은 '현장에서 지적한다' 이다. 물론 이렇게 이야기하 면, 여러 사람 앞에서 공개적으로 망신을 주다가 결국 자신의 이미지도 나빠지지 않을까 걱정이 될 수 있다. 하지만 현장에서 지적하라는 것이 회의시간에 "왜 내 아이디어 훔쳐갔어!"라고 말하라는 것은 아니니 안 심하길.

일단 민 과장의 발표가 끝난 후 그에게 피드백을 해 주는 것부터 시 작하자. "어제 나랑 함께 이야기한 거 멋지게 준비했네!"라고 말이다. 민 과장의 능력을 인정하면서도 아이디어가 혼자만의 것이 아니라는 사실을 명확히 인지시켜 줄 필요가 있다. 민 과장이 눈치가 빠른 사람이라면 다른 사람들이 지켜보고 있다는 사실을 알 것이다.

그래도 행동의 변화가 없다면 다시 한 번 확실히 이야기할 필요가 있다. 민 과장이 또다시 의견을 물으러 접근할 때, 팀과 협의를 거친 내용이라는 점을 언급하지 않으면 협조하지 않겠다고 이야기하는 것이다. 물론 다른 부서원과는 이와 같은 내용을 미리 공유하고 있어야 한다. 이 문제는 당신의 문제가 아닌 부서의 문제니까.

개인의 문제가 아닌 조직의 문제로 대응하라

조직에는 분명 다양한 사람들이 모여 있다. 그렇기 때문에 가끔 상식적으로 이해가 가지 않는 일을 아무렇지도 않게 하는 사람이 있을 수도 있다. 타인의 행동이 당신에게 다소 거슬리기는 하지만 조직 자체에 끼치는 영향이 미미하다면 조용히 넘어갈 것을 권한다. 당신이 시간이 남아도는 정의의 투사가 아닌 이상, 모든 사람들의 잘못을 고쳐 줘야 하는 것도 아니고, 고칠 수 있는 것도 아니기 때문이다. 하지만 조직의 분위기를 흐리는 행동을 하는 사람에 대해서는 반드시 적절한 대응이 필요하다.

적절한 대응이란 무엇일까? 일단 감정적이어서는 안 되고, 부정적인 형태의 질문이나 말은 삼가는 것이 좋다. 사람은 공격을 받으면 본능적으로 방어를 하게 된다. 또한 주변에서 볼 때도, 전후 사정은 상관없이 공격당하는 것처럼 보이는 사람에게 측은한 마음을 갖게 된다. 특히 상대방이 평판이 좋은 사람이라면 더욱 그렇다. 그 사람이 잘한 일을 언급하되, 잘못된 점을 바로잡아 명확히 짚어 주는 종결형으로 말을 건네라. 질문으로 대응할 경우 답을 할 여지를 주기 때문에 상대방이 변명을 하거나 역으로 공격적으로 나올 수 있다.

단순히 아이디어만 차용한 것이 아니라 당신의 자료를 도용하는 등 정도가 심하다면, 공개적으로 회의 도중에 언급을 해 두는 것도 좋다. 물론 "어제 함께 이야기한 부분인데, 제안서에 잘 반영이 되어 있네요. 하지만 이런 부분이 부족한 것 같은데, 민 과장과 저도 아직 그 문제는 어떻게 할지 모르겠네요. 다 같이 의논해 봤으면 좋겠습니다"라는 식으로 에둘러 말하는 것이 필요하다.

또한 부서 내에서 공론화시켜야 할 상황이 되었을 때도 감정이 개입된 말을 꺼내서는 안 된다. 아이디어를 뺏긴 당신은 억울하다. 하지만 공식적인 자리에서 내가 억울하니까 저 사람에게 제재를 가하자고 하는 것은 개인감정을 해소하기 위한 행동으로 보일 뿐이다. 억울한 마음은 나중에 친구를 만나서 풀어라. 당면한 문제는 아이디어를 내더라도 타인이 도용을 하기 때문에 더 이상 의견을 낼 의욕도 안 생기고 업무에 차질이 생긴다.

그리고 부서원들도 충분히 겪을 수 있는 일이기 때문에 조직에 안 좋

은 영향을 줄 수 있다는 '사실' 만 공유하면 된다. 다른 직원에게도 영향
을 줄 수 있는 사안으로 부각시킬 수 있다면, 그것은 감정의 문제가 아
니라 조직의 문제가 되는 것이다.

효과적인 갈등관리를 위한 팁 2

- 문제를 제기하는 이유는 최대한 많은 사람들이 받아들일 수 있는 해결안을 찾기 위한 것이라는 점을 논의에 앞서 밝히고 시작하라.
- 상대방이 받아들일 수 있는 선이나 원하는 바를 먼저 파악하라.
- 당신이 옳다고 말하지 마라. 당신의 생각을 전하는 것으로 충분하다.
- 말을 가로채거나 상대방의 의견에 바로 반박하고자 하는 마음을 가라앉히고 충분히 듣겠다는 자세를 취하라.
- 상대방을 공격하는 언사는 결국 당신의 입지를 좁게 만든다. 상대방을 이기기 위한 것이 아닌, 문제를 해결하기 위한 자리라는 것을 잊어서는 안 된다.
- 공개된 장소에서 논의하는 것을 두려워하지 마라.
- 회의 도중 지나치게 갈등이 심해질 경우, 잠시 쉬면서 감정을 추스르는 시간을 갖도록 하자.

One Point Lesson

갈등을 있는 그대로 보라. 쓸데없는 소설 쓰기는 절대 금물!

설득력 있는 커뮤니케이션

　김현숙 부장은 마케팅 팀장으로 승진한 지 6개월이 되어 간다. 그 동안 마케팅부서의 여러 보직에서 탁월한 성과를 인정받아 마침내 팀장으로 승진한 것이다. 그러나 지난 6개월간 김 부장에 대한 평가는 아주 부정적이었다.

　김 부장은 하루 24시간이 부족할 정도로 열심히 일하고 있다. 팀원이 하는 일에 조금만 문제가 생겨도 달려가 불을 끈다. 소방수로서의 그의 역할은 탁월하다. 그러나 김 부장의 상사인 이 상무는 김 부장이 왜 그렇게 늘 바쁜지 알 수가 없다. 김 부장으로부터 일에 대해 제대로 보고를 받은 적이 없다. 더군다나 10명이나 되는 마케팅 팀원들은 별다른 지시를 받지 못하고 지지부진, 회의에 참석하는 것 외에는 그저 평상시 하던 대로만 일하고 있다.

　김 부장은 팀원들이 해야 할 일을 대신 해 주고 있지만, 팀장으로서의 커뮤니케이션 부족은 김 부장의 새로운 직책을 불안하게 만들고 있다.

직접 말하는 것을 두려워 마라

설득력 있게 커뮤니케이션을 하려면 스스로 의사소통의 목적을 잘 파악하고 있어야 하며, 표현 또한 명확해야 한다. 단순히 사안의 중요도에 따라 열거하거나, 업무 진행이나 시간의 흐름에 따라 핵심만 이야기해도 상관없다. 미사여구를 쓰는 것이 커뮤니케이션을 잘 하는 법이 아니라는 점을 알아야 한다. 사고력이 뒷받침되지 않은 커뮤니케이션은 핵심을 이리저리 피해가는 화려한 수사修辭로 타인의 사고를 일시적으로 흐리게 만들 수는 있지만, 결과적으로 사람들의 동의를 이끌어 내기에는 역부족인 경우가 많다.

또한 당신이 리더가 되면 점차 '지시' 목적의 커뮤니케이션을 일상적으로 하게 된다. 여성 리더의 부족한 점이 바로 지시를 내리는 상황을 껄끄러워한다는 것이다. 그리고 이러한 불편한 마음은 부적절한 커뮤니케이션 방식으로 나타난다.

우회적으로 빙 돌려 말하는 경우가 대표적인 예다. 지시를 하면서 업무를 수행할 사람과 기간, 업무 범위를 명확하게 하지 않으면 나중에 책임 소재가 불명확해져 오히려 당신이 난감해질 뿐이다. '최대한 빨리 처리해 주세요' 라는 말을 생각해 보자. 당신 입장에서야 당연히 빨리 처리할 것이라고 생각하지만, 지시를 받은 사람은 다른 급한 업무가 있으면 미루게 마련이다. 특히 이런 식의 지시는 추후 업무가 잘 처리되지 않았을 때 더욱 문제가 된다. "최대한 빨리 하려고 했는데, 당장 해야 할 일이 있어서 퇴근 전에만 드리면 된다고 생각했습니다"라고 부하직원이 말한다면 당신은 꿀 먹은 벙어리가 될 수밖에 없다. 시한을 정해 주지 않은 당신의 잘못인 것이다.

또한 지적 사항을 말하면서 미안해하는 표현을 짓는 것도 지향해야 한다. 부하직원의 실수를 지적해서 올바로 수정하는 것은 리더가 당연히 해야 하는 일이다. 타인이 잘못한 부분을 두고 당신이 미안해할 필요는 없다. 지하철에서 다른 사람의 발을 밟았을 때, 그때가 당신이 미안하다고 말해야 하는 순간이다.

부하직원은 당신이 믿는 만큼 큰다

부하직원이 못다 한 일을 당신이 직접 해야 할 이유는 없다. 무엇이 당신으로 하여금 불이 날 때마다 뛰어들게 하는지 그 배경을 냉정하게 들여다볼 필요가 있다. 부하직원이 능력이 없기 때문일 수도 있지만, 리더로서 당신이 해야 할 일을 잘 모르기 때문일 수도 있다. 리더로서 해야 할 일을 잘 할 자신이 없어서 별 노력 없이도 잘 할 수 있는 일에 매달리는 것은 아닌가? 그도 아니면 당신에게 익숙한 일에 대한 집착이 지나쳐서 아직도 그 일이 당신 일이라고 착각하는 것은 아닌지 자신을 돌아보라.

당신이 그 동안 그 일을 아무리 잘 했다고 하더라도 그것이 리더로서 당신이 해야 할 일은 아니다. 리더로서 당신이 해야 할 일과 부하직원이 해야 할 일을 명확하게 구분하도록 하라. 부하가 그르친 일을 해결하느라 이러저리 뛰어다니는 당신은 어쩌면 부하직원의 학습 기회를 막고 있는지도 모른다. 아직은 부하직원의 성과가 기대치에 미치지 못한다고 해도 인내심을 가지고 권한 위임을 조금씩 시도해 보라. 직접 해 보는 것보다 좋은 학습방법은 없다.

판단이 서지 않는다면 당신의 상사가 당신을 평가하는 기준이 무엇인지 다시 한 번 살펴보라.

설득력 있는 커뮤니케이션을 위한 팁

- 리더로서 당신이 해야 할 일을 명확히 하라.
- 부하직원에게 과감하게 업무를 맡겨라.
- 상사가 물어오기 전에 미리 보고하라.
- 분명하고 간결하고 직접적인 화법을 사용하라.

One Point Lesson

핵심 파악과 명확한 설명, 설득력 있는 커뮤니케이션의 기본이다.

셀프마케팅은 필수!

　　다국적 반도체회사 지방공장 경리부서에서 회계담당으로 근무하는 양혜은 대리는 본사 경리과장을 채용하는 사내충원제도에 응모했다. 본사에서도 주목하고 있는 주요 공장에서 일을 착실히 배운 양 대리는 자신이 적임자라고 생각했다. 그런데 전혀 경험이 없는 사람이 내부 청탁에 의해 선정되었다는 소식을 들었다.

　　하지만 양 대리는 자신이 얼마나 그 일에 적합한 사람인지 장문의 이메일을 써서 인사부로 보냈다. 비록 이번 기회는 지나갔지만 자신을 회사에 알릴 수 있는 좋은 기회라고 생각했기 때문이다.

　　일 년 뒤, 양 대리는 본사 재무부로 발령이 났다. 출근 첫날, 양 대리는 인사부 담당이사와 인사를 나누게 되었다. 이사는 웃으면서 그렇게 당찬 이메일을 보낸 사람이 누굴까 궁금했다며, 한동안 인사부에서 자신의 이메일이 회자되었다는 이야기를 했다. 그때 양대리는 스스로 최선을 다하자고 했던 일이 좋은 결과를 불러왔다는 생각이 들었다.

변화, 그 무시할 수 없는 흐름

사실 한국 사회에서는 자기주장을 펼치는 것이 다소 터부시된다. 나이나 성별에 따라 의견 표명이 버릇없고 부적절한 행동으로 취급될 수있기 때문에, 필요한 상황에서도 자신의 의견을 주장하는 것에 대한 부담감이 심한 편이다. 하지만 최근에는 자기주장성이 훌륭한 장점으로부각되고 있다.

그렇긴 해도 정작 직장인이 자신의 의견을 제대로 표현하는 법을 배우기 위한 프로그램은 드문 것이 현실이다. 외국에서는 이미 다양한 프로그램이 운영되고 있기는 하지만, 문화적 차이 때문에 한국에 바로 적용하기가 어려워 무작정 들여올 수도 없는 상황이다.

최근 다국적 기업의 진출로 인해 직장문화의 변화가 가속화되면서자기주장성을 갖추는 것이 먼 미래의 일이 아니다. 겸손이 미덕인 시대는 지났다. 자신의 의사를 제대로 표현하지 못하고 자신이 기여한 업무를 은연중에 낮추어 말하는 사람은 일에 대한 의욕이 없다거나 실적이좋지 않은 것으로 평가될 수 있는 것이다.

마케팅부서에서 7년을 일한 김 차장은 책임감 있고 성실하게 일해 왔지만, 최근 부서장 자리가 공석이 되었을 때 자신은 후보 명단에도 오르지 못했다는 사실을 알게 되었다. 워낙 조용하고 남 앞에 나서는 것을 싫어하는 스타일이어서, 부서장으로서 의지나 적극성이 부족하다는 평가를 받은 것이다. 회사에서 그의 이미지는 결국 'Super Clerk'에 지나지 않은 것이다. 하지만 누구를 탓할 것인가? 나는 숨어 있는 진주였는데, 그것을 보지 못한 사람들의 잘못일까?

사회가 그리고 회사가 변하고 있다. 변화하고 있는 상황을 인식하고, 그에 따른 필요한 능력을 미리 배우고 갖추는 것이 중요하다. 사실 자기주장성은 리더인 당신에게 필요한 요건이라기보다는 리더를 향해 가고 있는 당신에게 필요한 항목이다. 그래서 더욱 강조하고 싶다. 당신의 자리는 당신이 만들어 가는 것이다. 당신이 속한 곳의 문화와 분위기에 따라 스스로 수위를 조절해서 유능한 '당신'을 주변 사람에게 적극적으로 알리자.

자기주장은 셀프 서비스!

직장생활을 하다 보면 흔히 볼 수 있는 사람 중 하나가 자신이 한 업무에 대해 부풀리는 사람이다. 하지만 보통 이러한 행동은 부당하다고 여기고, 자신은 그렇게 하지 않겠다는 마음을 먹는 경우가 생긴다. 그리고 묵묵히 자신의 일을 하다 보면 남들이 알아 줄 거라고 생각한다. 반은 맞지만 반은 틀리다. 당신이 과장됨 없이 일을 열심히 하려는 것은 좋다.

하지만 요즘과 같은 자기 PR시대에 셀프 마케팅을 소홀히 하는 것은 그다지 좋은 선택이 아니다. 부풀리기가 전적으로 거짓을 기반으로 하고 있는 것이 아니라면, 그들을 비난하기에 앞서 성과를 적절히 노출하는 법을 배워라. 물론 과도한 행동으로 주변 인심을 잃는 것은 피해야겠지만.

사람들은 눈에 보이는 것을 믿게 된다. 하지도 않은 일을 했다고 하라는 것이 아니다. 그런 거짓말은 언젠가 당신에게 더 큰 부메랑이 되어 돌아온다. 하지만 적어도 당신이 한 일에 대해서는 자랑스럽게 생각하고, 전략적으로 당신의 노력과 성과를 주변 사람에게 알릴 필요가 있다는 점을 기억해야 한다.

회사 내에 있는 수많은 사람들이 다 기억되기는 어렵다. 어떤 사람들은 과장된 방법으로 부정적인 이미지를 쌓고 있고, 어떤 사람은 조용히 일을 하면서 누군가 자기를 알아 주길 바라고 있다. 당신은 스스로를 향상시키면서 동시에 셀프 마케팅 또한 수준급으로 유지해야 한다.

자기주장성을 위한 팁

- 힘들더라도 쉽게 포기하지 말고 끈기를 가져라.

- '잘 안 될 거야'라고 말하지 말고, '일단 해 보자'고 말하라.

- 당신의 성공에 도움을 준 사람에게 반드시 감사를 표현하라. 모두 자신의 공으로 돌리다 보면 주위에 당신을 도와 줄 사람이 남지 않을 것이다.

- 어려움에 처한 주변 사람을 도와 줄 때 체면을 살릴 수 있도록 배려하라. 당신이 한 일을 알리려고 동네방네 소문내는 것은 금물.

- 상사를 비롯해서 업무와 연관된 사람에게 업무 진행 상황을 지속적으로 알려라.

- 상사와 다른 의견을 가지고 있을 경우 당신의 의견을 말하되, 두 의견을 어떻게 하면 조화시킬 수 있을지 생각해 보겠다는 입장을 취하라.

- 상사가 자신의 의견을 고수할 경우, 적당한 시점에 물러서는 것도 중요하다. 시시비비는 시간이 지나면 가려지기 마련이다.

One Point Lesson

당신에 대한 이야기를 정확히 할 사람은 당신뿐이다.

조직정치^{Organizational Politics}, 과연 필요한가?

국내 대표 IT기업의 성미라 부장은 산업 특성상 여성부장이 몇 명 안 되는 조직에서 승진한 성공 케이스다. 여성관리자가 전무한 조직에서 자기 분야에서만큼은 최고 전문가로 자리매김하겠다는 일념으로 지금까지 열심히 앞만 보고 뛰어왔다.

그녀가 맡은 일은 외부 기술 전문업체를 협력업체로 만드는 것. 직접 개발보다 외부 기술 사용이 더 효과적일 경우, 그 기술을 보유하고 있는 업체를 찾아서 자격을 검토하고, 적합하다는 판단이 내려지면 협력업체로 실제 등록하는 것까지 그녀가 도맡아 했다.

성 부장의 적극적인 업무수행은 기술을 직접 개발해야 하는 회사의 부담을 줄이는 것은 물론 상당한 비용절감 효과를 가져왔고, 그 결과 부장에서 마케팅을 총괄하는 그룹장으로 승진하게 되었다. 그 동안 맡아 온 업무는 후배 차장에게 넘기고 그룹장으로서 새로운 경력을 쌓게 되는 순간이었다.

하지만 승진의 기쁨을 누리는 것도 잠시, 그녀를 당황스럽게 만드는 일들이 연일 일어났다. 그룹 내에서 전략을 담당하는 박 차장이 그녀를 건너뛰고 바로 마케팅 본부장에게 보고를 하는 것이었다. 더욱 기막힌 일은 본부장이 보고체계가 엉망이라는 것을 알고 있으면서 별다른 조치를 취하지 않는다는 점이다.

사실 박 차장은 마케팅 업무만 10년 넘게 해 온 베테랑이다. 아웃소싱 업체만 관리해 오던 그녀로서는 마케팅 업무가 생소하고 부담이 되는 것은 사실이지만, 그렇다고 그룹장으로서 업무에서 소외되고 있다는 것은 말도 안 된다. 이대로 가다가는 앞으로 나아가기는커녕 지금의 위치마저 위험해진다. 자신이 성공적으로 이끌어 오던 업무를 내놓은 지금 불안한 미래만이 그녀 앞에 있을 뿐, 과연 어떻게 이 장막을 걷어내야 할지 도무지 방법이 보이지 않는다.

정치력에 대한 거부감을 버리자

조직정치라는 말은 묘한 거부감을 불러일으킨다. 특히 '정치'라는 단어는 미꾸라지 같은 행보를 일삼으며 다른 사람을 밟고 성공 대열에 우뚝 선 사람과 같은 부정적 이미지를 연상시키기 십상이다. 정치라는 이야기만 들어도 신물이 난다는 반응을 보이면, 당신의 정치지수는 기대 수준 이하이다.

조직 내에서 필요한 영향력을 행사하며 리더로서의 위치를 공고히 하기에는 너무나 순수하기 때문에 리더로는 적합하지 않다는 의미가 될 수도 있다. 그렇다면 차라리 순수성을 유감없이 발휘할 수 있는 위치를 찾는 것이 더 현명할지도 모른다.

'조직정치Organizational Politics'는 일종의 필요악이다. 이미 글로벌 기업에서는 조직정치를 리더십 역량의 하나로 강조하고 있다. 정치적 역량을 적절히 잘 사용하면 조직 내 업무 효율을 높여 주지만, 지나칠 경우에는 결과적으로 조직에 해를 미친다. 조직 내에 파벌을 형성해서 조직 전체의 목적보다는 개인의 이익을 위해 조직의 자원을 사용하는 사람들이 대표적인 예다.

이러한 사람들이 성실하고 역량 있는 직원들보다 앞서 승진하고 잘 나가는 경우를 보는 것은 그리 어려운 일이 아니다. 아무리 열심히 일해도 '줄을 잘 선' 옆자리 동료가 승진 기회를 낚아채 가는 것을 보지 않았는가.

적어도 희생자는 되지 말자

메릴린치의 CEO 스탠 오닐Stan O'Neal의 이야기는 정치적 인식이 얼마나 중요한 것인지 보여 준다. 메릴린치는 차기 CEO를 뽑기 위해 여러 명의 리더들을 놓고 오랜 기간 지켜보았고, 결국 이사회에서 스탠 오닐을 CEO로 결정하였다. 그런데 함께 경합을 벌이던 동료 중 한 명은 스탠이 CEO가 된 후에도 동료로서의 입장을 버리지 못했다. 물론 수년 동안 편하게 대해 오던 동료를 하루아침에 상사로 깍듯이 모시는 것이 쉽지는 않았을 것이다.

하지만 아무리 그 심정을 이해한다고 해도 이미 회사의 최고경영자 자리에 오른 사람을 계속 동료로 대하는 것은 바람직한 행동이 아니다. 스스로 시정하기를 기대하던 스탠의 바람과는 달리 그는 사석이 아닌 공석에서조차 아무렇지 않게 격의 없는 행동을 보였다. 메릴린치의 직원들은 스탠이 이 상황을 어떻게 처리할지 촉각을 곤두세우고 있었다. 오랫동안 함께 지낸 동료를 쉽게 자르지는 못할 거라는 것이 중론이었다. 하지만 얼마 지나지 않아 사내 게시판에는 그가 퇴사 처리되었다는 공지가 나붙었다.

어느 조직이든 정도의 차이는 있지만 조직정치는 엄연히 존재한다. 그렇기 때문에 살아남기 위해서는 싫든 좋든 정치에 대한 감각을 키워야 한다. 조직정치의 기본은 희생자가 되지 않는 것이다. 정치력을 키우는 가장 큰 이유는 남을 공격하기 위한 것이 아니라 조직 내 상황과 상대방의 수를 읽고 다른 사람의 정치적 공격에서 스스로를 방어하기 위한 것이다. 함정을 볼 수 있는 사람이 위기를 피할 수 있는 법이다.

그 다음 단계는 자신이 한 일이 정당하게 평가받을 수 있도록 영향력을 행사하는 것이다. "나는 정치는 도저히 못해"라고 말하기 전에, 후천적으로 개발되는 리더가 얼마든지 있는 것처럼 정치역량도 얼마든지 개발이 가능하다는 점을 기억하자. "그렇게까지 하면서 직장생활 해야 해?"라고 반문하는 사람이 있을 수도 있다. 물론 하고 싶지 않다면 하지 않아도 된다.

그러나 조직에서 성공적으로 커리어를 쌓고 싶다면, 더구나 리더로 성장하고 싶다면 필요악과 악수하는 용기가 필요하다. 전제는 건강한 방법으로 정치를 활용한다는 데 두고 말이다.

조직정치력 개발을 위한 5단계

《이너 서클 Inner Circle》을 쓴 캐서린 리어돈 박사는 저서 《성공한 사람들의 정치력 101》에서 정치력을 연마하기 위한 5단계를 제시했다.

1단계 : 직관력
2단계 : 통찰력
3단계 : 사전작업 − 정치적 포석 두기

4단계 : 설득력 키우기

5단계 : 조직 내 권력에 대한 이해 높이기

리어돈 박사는 직관력을 눈에 보이지 않는 것을 읽어 내는 능력이라고 정의한다. 현재 벌어지고 있는 상황을 파악하고, 상대방이 표현하지 않고 숨겨 둔 행간의 의미를 읽고 자신의 행동을 선택하는 능력이다. 조직에서 벌어지는 일에는 늘 반복되는 패턴이 있기 때문에, 당면한 상황에서 한 발짝만 물러서면 그러한 유형을 쉽게 찾아낼 수 있다. 조직 내의 행동 패턴을 미리 파악해 두면 그에 맞춰서 적절한 행동을 선택하기가 수월해진다.

다음은 통찰력을 발휘해서 창의적으로 문제를 해결하는 단계이다. 리어돈 박사는 창의적으로 문제를 해결하기 위해서 사고의 폭을 확장하여 상대방의 관점에서 사물을 바라볼 것을 당부한다. 자신의 입장에서만 문제를 바라보는 사람은 이른바 정치 초보자라고 할 수 있다. 내 눈에 보이는 것만이 사실이라는 좁은 시야에서 벗어난다면 자신과 다른 점들을 오히려 다양한 가능성으로 볼 수 있다.

다음 단계는 사전작업으로 정치적 포석을 두는 것이다. 아무리 훌륭한 리더라고 해도 자신이 모든 것을 혼자 다 할 수는 없다. 진정한 리더는 다른 사람의 힘을 필요할 때마다 가져다 쓸 수 있는 사람이다. 경우에 따라서는 적과의 연합도 이끌어 낼 수 있어야 하는 것이다. 사전에 상황을 자신에게 유리하게 조성해 둔다면 자신의 주장을 얼마든지 관철할 수 있다.

마지막은 설득력에 대한 것으로 리어돈 박사는 대화 기술에 중점을 두고 있다. 강한 인상을 주는 말과 행동, 대화의 흐름을 장악하는 방법과 설득력을 갖는다면 당신이 원하는 바를 이룰 수 있을 것이다.

조직정치와 파워

정치력에서 파워에 대한 이야기를 뺄 수는 없다. 성미라 부장의 경우 실제 그룹장으로 승진하기는 했지만 전략팀을 적절히 통제하지 못하는 상황이고, 상사와의 관계에서도 현재 권력의 마이너스 관계에 있다. 파워란 승진과 동시에 자동으로 주어지는 것이 아니라는 점을 명심해야 한다.

조직행동에서는 파워를 여섯 가지로 분류하고 있다.

첫째, 강제적인 권력coercive power

둘째, 보상권력reward power

셋째, 합법적 권력legitimate power

넷째, 정보권력information power

다섯째, 준거적 권력reference power

여섯째, 전문적 권력expert power

강제적인 권력은 순응하지 않을 경우 일어날 수 있는 부정적 결과에 대한 두려움에 바탕을 두고 있고, 보상권력은 자신의 말을 듣는 대가를 줄 수 있는 위치에 있는 사람이 상대방에 대해 갖는 권력이다. 쉽게 말해 당근과 채찍이라고 볼 수 있다.

합법적 권력은 지위가 주는 힘을 말하며, 조직의 자원을 통제하는 데 사용할 수 있는 공식적 권위이다. 정보권력은 상대방이 필요로 하는 정보와 지식을 가지고 자신에게 의존할 수밖에 없도록 만드는 것이다.

준거적 권력은 상대방이 자신을 동경하거나 존경하고 있을 때 상대방에 대해 갖게 되는 힘으로, 조직 내에 가만히 살펴보면 '조용한 리더'인데도 큰 영향력을 행사하는 사람들이 대표적인 예다. 굳이 험한 소리를 하지 않아도 모든 사람으로부터 존경받는 상황을 바탕으로 힘을 행사하는 대단한 내공인 셈이다.

마지막은 전문적 권력인데, 이는 상대방에 비해 자신이 가진 전문지식이나 특수기술, 또는 경험이 풍부할 때 생긴다. 지식사회가 됨에 따라 포지션 파워보다는 전문적 힘이 어느 때보다 중요한 대접을 받고 있다.

성 부장의 경우 권력상실의 결정적 요인은 전문적 권력의 힘이 상대적으로 부족하다는 것이다. 전문성 없는 사람이 상사로 발령난 것이 불만인 박 차장이 본부장에게 미리 포석을 깔아 둔 것이다. 하지만 박 차장을 버리고 가기엔 그의 전문성이 필요하고, 그렇다고 그냥 둘 수도 없는 노릇이다. 이때야말로 성 부장이 자신을 보호하기 위한 정치성을 발휘해야 할 시점이다.

우선 여섯 가지 권력 중 적절한 것을 선택해야 한다. 모든 운동에 워밍업이 필요하듯 힘을 쓰는 것도 가볍게 시작하는 것이 좋다. 일단 전문성에 있어서 박 차장에 비해 열세라는 점을 인정하고 들어가는 것만으로도 관계에 변화를 줄 수 있다. 그리고 강제적 권력보다 보상권력을 우선적으로 사용해서 박 차장의 반응을 테스트해 보고, 그에 따라 다음 단계를 고려하면 된다.

장기적으로는 준거적 권력을 사용하는 것도 좋다. 건강한 방법으로 리더십을 발휘하고 그룹원들의 존경을 얻는다면 박 차장을 무장해제시킬 수 있을 것이다. 그럼에도 계속해서 자신을 무시하고 본부장에게 직행한다면 인사상의 불이익을 줄 수 있다는 식의 강제적 권력을 사용해서 행동에 제재를 가하는 것도 필요하다.

힘의 사용에 어려움을 느낀다면 상황을 객관적으로 볼 수 있는 위치로 물러나서 보는 것이 좋다. 정치적 영향력을 행사하는 사람은 상대방의 상황까지 꿰뚫고 있다는 점을 잊어서는 안 된다. 그런 사람에게 자신이 처한 상황에 대한 객관성조차 잃어버리고 감정적으로 대한다면 그 게임은 질 수밖에 없다. 자신이 사용할 수 있는 힘이 무엇인지 바르게 판단하고 적절한 대화기술을 발휘한다면 자신은 물론 신념 또한 얼마든지 보호할 수 있다.

조직정치에 대한 팁

- 싸워야 할 때와 타협해야 할 때를 구분하자.
- 'Give and take'는 가장 기본적인 규칙이다.
- 사내의 주요 인물에 대해 파악하라.
- 주변의 정치적 역량이 뛰어난 사람을 모델로 삼고 배워라.
- 직위나 맡은 업무에 상관없이 함께 일하는 사람을 존중하는 태도로 대하라. 작은 차를 몰고 온 손님을 무시하는 도어맨은 성공하지 못하는 법이다.
- 당신의 의견에 반발이 심할 것으로 예상될 경우, 전체와 대놓고 싸우기보다는 물밑에서 사내의 주요 인물을 설득하라.
- 지금 당장 상대방을 꺾는 것에 정신이 팔려서 감정적인 수단을 사용해서는 안 된다. 추후 그들의 도움을 기대할 수 없게 된다면, 그것은 이긴 것이 아니라 진 것이다.
- 근묵자흑近墨者黑. 가까이 해서 도움이 안 되는 사람을 가려내는 것도 중요하다.

One Point Lesson

지피지기知彼知己면 백전백승百戰百勝, 상대방에게 내가 쓸 수 있는 힘이 무엇인지 파악하고 나서 행동하라.

조직 내 파워 메커니즘을 적극 활용하라

새로 승진한 영업관리부 안미영 부장에게 부임하자마자 난감한 일이 생겼다. 정신없이 인수인계 과정을 마치고 보니 부서별 예산 신청 기한을 넘긴 것이다. 뒤늦게 예산을 신청하려 했으나, 예산을 기획하고 신청하는 업무는 항상 전임 부장이 해 왔던 터라 예산 관련 업무가 어떻게 진행되는지 잘 알지 못하는 것도 문제였다.

안 부장은 조언을 구하기 위해 재무부 예산담당 팀장과 면담을 가졌지만, 그는 기한을 넘겼기 때문에 줄 수 없다는 원칙론만 내세우며 영업관리부만 편의를 봐 줄 수 없다고 했다. 안 부장은 부서 내 인사이동이 있는 상황이면 예산담당으로서 새로 부임한 사람이 신청 기한을 넘기지 않도록 미리 고지를 해야 하는 것 아니냐며 항의했지만 소용이 없었다.

안 부장은 이런 중요한 사안을 알려 주지 않고 다른 회사로 옮긴 전 부장이 원망스럽기도 하고, 남은 예산을 쓰라는 말도 안 되는 주문을 하는 예산담당 팀장을 탓하는 마음에 일이 손에 잡히지 않았다.

하지만 안 부장은 누구를 원망할 때가 아니라는 생각이 들었다. 어찌됐든 현재 영업관리부장은 자신이고, 예산을 못 받은 것도 결국에는 자신이 책임을 져야 하는 일이기 때문이다. 예산 없이 일을 할 수는 없으니 어떻게든 예산을 확보하는 것이 급선무였다.

안 부장은 R&D부서 이 팀장을 찾아갔다. 그는 유쾌한 성격으로 사내에서 인기도 많고, 업무능력도 인정받는 영향력 있는 사람이다. 안 부장은 그에게 예산 신청 기한을 놓쳐 곤경에 빠졌음을 솔직하게 털어놓고 다른 방법은 없는지 물었다. 그리고 영업을 관리하면서 현장에서 들을 수 있는 상품 관련 평이나 소비자 반응 등 R&D부서에 필요한 자료 협조에 더욱 신경 쓰겠다며 상호 업무 협조 제의도 빼놓지 않았다.

그러자 이 팀장은 한턱내라는 말과 함께 예산담당 팀장과 자리를 마련했으며, 그에게 영업이 안 되면 바로 회사 실적에 영향을 줄 텐데, 그럼 전 부서가 어려워진다고 설득했다. 예산담당 팀장도 안 부장과의 면담 후 다소 부담감을 느끼고 있었는지, 아직 회사 전체 예산이 완전히 결정된 것은 아니라고 말했다. 결국 이 팀장의 중재로 최종 결제가 올라가기 전에 예산안을 제출하는 것으로 합의를 본 안 부장은 한숨 돌릴 수 있었다.

회사 내 파워 메커니즘을 이해하라

현실적으로 돈은 파워를 가져온다. 그렇기 때문에 돈을 관리하는 부서일수록 권한을 많이 행사한다. 하지만 여성들이 이런 조직 내 파워 메커니즘에 거부감을 가지는 경우가 자주 눈에 띈다. '자기 돈도 아니고 회사 돈을 가지고 사람을 좌지우지하려 든다'는 생각으로 아니꼽게 여기기 때문이다.

하지만 거부감을 가지고 피하는 것은 결국 당신에게 손해로 돌아온다. 당신에게 리더로서 주어진 권한이 있듯이, 그 부서에도 예산에 대한 권한이 있을 뿐이다. 이러한 권한을 인정하는 것이 회사 내 메커니즘을 이해하는 것의 시작이다. 결국 조직에 대한 이해는 당신이 리더로서 수행해야 하는 소기의 목적을 달성하는 데 도움이 된다.

또한 회사 조직이 당신의 부서와 예산담당 부서만으로 이루어져 있는 것은 아니다. 회사 내에 있는 조직은 모두 유기적으로 얽혀 있다는 점을 생각하고 접근해야 한다. 심장같이 온몸에 피를 공급해 주는 주요 조직도 있고, 자라면 잘라 버릴 수 있지만 남들이 보기에 중요한 머리카락과 같은 조직도 있는 법이다. 모두 없어서는 안 될 조직이지만 중요도의 차이가 있을 수 있다는 점을 명심하고, 각 조직을 어떻게 활용할 것인가를 생각해 보자.

조직에 대한 이해를 높이기 위한 조언

여성들에게 가장 부족하기 쉬운 것이 바로 재무에 대한 정보이다. 재무라고 하면 머리부터 아파오는 사람이 있지만, 당신이 리더로서 성장하기 위해 필수적으로 알아야 하는 것이 바로 재무이다. 굳이 재무 전문가가 될 필요는 없지만, 적어도 흐름은 이해하고 있어야 한다. 특히 회사 예산 수립 업무에 대한 이해를 높이기 위해서는 재무에 대한 공부를 하는 것이 필요하다.

매년 받는 연례보고서를 책장에 꽂아 두지만 말고 반드시 살펴보는 것에서부터 시작하자. 재무제표를 보는 법에 대한 책도 많이 나와 있다. 재무 담당을 자주 만나려 하지 않는 이유 중의 하나가 업무적으로 나눌 만한 이야기가 없다는 사람들도 있다. 당신이 재무에 대해 공부하고 있다면, 대화를 위한 단초는 충분할 것이다. 되도록 재무 담당자를 자주 접하도록 하라.

자신의 업무와 관련된 기술적·기능적 전문 정보나 조언이 필요할 경우, 그에 맞는 전문가를 찾아 쓸 수 있어야 한다. 당신 혼자서 모든 일을 할 수는 없다. 회사가 크고 복잡할수록 당신이 필요한 전문가가 어디에 있는지를 알고 잘 활용하는 것이 중요한 능력이다.

세계적인 여성 리더 중 하나인 칼리 피오리나^{Cara Carleton Sneed Fiorina}는 스스로 IT분야에 문외한임을 인정하고, 휴렛팩커드 CEO에 오르자마자 자신이 밀고 나갈 전략에서 기술적 오류를 제거해 줄 수 있는 유능한 기술자들을 주위에 포진시켰고, 결과는 대성공이었다. 하지만 권한과 능력이 있는 전문가 모두가 당신을 기꺼이 돕는 것은 아니다. 회사 내에서 당신을 도와 줄 만한 사람이 누구인지를 파악하고 있어야 한다. 자신의 업무 외에는 관심을 두지 않는 사람들도 있고, 사전 접촉이 전혀 없던 사람이라면 굳이 당신을 도울 이유가 없다고 느낄 수도 있다. 당신에게 언젠가 필요한 사람이라 판단되면, 필요하기 전에 먼저 다가서라.

마지막으로 주어진 상황을 조직 전체를 놓고 보는 습관을 들이자. 당신의 부서에 중요한 문제가 또 다른 부서에는 어떤 영향을 주는지를 파악해야 한다. 공동의 문제일 경우 부서 간 결속력이 높아지는 기회가 될 수 있고, 협력을 통해 문제를 쉽게 해결할 수도 있다.

조직 내 파워 메커니즘 활용을 위한 팁

- 재무나 회계 관련 부서와 영업부서에 적어도 한 명 이상의 사람과 친분을 쌓는 것은 필수!
- 혼자 밥 먹지 마라.
- 의사결정에 영향력이 큰 사람이 누구인지 놓치지 마라.

One Point Lesson

직장 내 영향력 있는 부서와 사람을 파악하고, 당신의 위치를 생각해 보자.
그리고 당신만의 파워 메커니즘을 그려보라.

리더십은 당신 안에 존재하는 것이지만 그것의 가치는 당
신 밖으로 나와 당신을 둘러싼 상황에 적절하게 대응할 때
비로소 생명력을 얻을 수 있다.

제4장

사람의 마음을 움직이는 리더십

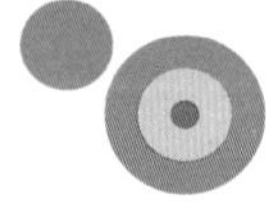

　서점에 가면 리더십과 관련된 책들을 쉽게 찾아볼 수 있다. 그만큼 리더십에 대한 개념은 수도 없이 많고, 앞으로 세상이 변화해 감에 따라 새로운 개념이 끊임없이 나올 것이다. 이 책은 여성 리더를 위한 가이드북이지만, 리더십을 굳이 하나의 뜻으로 정의하지 않으려 한다. 또한 어떤 특정한 리더십을 중요시하고 그것을 따르라고 하지도 않을 것이다. 리더십의 개념이 무엇인지 정의를 내리는 것은 중요하지 않다. 세상에 한 가지 타입의 리더만 있는 것은 아니기 때문이다.

　새로운 환경은 언제나 새로운 리더십 행동을 필요로 한다. 또한 조직의 특성과 개인의 성격에 따라 리더의 모습은 다양하게 나타난다. 그렇기 때문에 리더로서의 당신을 둘러싼 여러 상황을 충분히 고려하여 그것들이 필요로 하는 최적의 리더십이 무엇인지 찾는 것이 중요하다. 리더십은 당신 안에 존재하는 것이지만 그것의 가치는 당신 밖으로 나와 당신을 둘러싼 상황에 적절하게 대응할 때 비로소 생명력을 얻을 수 있다.

하지만 리더십의 핵심만은 가슴에 새기고 있어야 한다. 리더십은 당신이 맡은 조직을 올바른 방향으로 이끌어 가기 위해 필요한 것이다. 그렇기 때문에 사람들의 마음을 얻고 움직이는 것이 중요하다. 당신의 능력이 아무리 뛰어나다 하더라도 사람의 마음을 움직일 수 없다면 그 능력은 무용지물이 되게 마련이다.

다른 사람을 당신 편으로 만들기 위해서는 남들도 공감할 수 있는 원칙을 가지고 있어야 하며, 그 원칙대로 운영하고자 하는 의지를 가지고 매사에 임해야 한다. 원칙이 없는 사람은 믿음을 얻기 힘들다. 흔들리지 않는 원칙을 가지고 있음을 보여 주어야만 비로소 사람들이 믿고 따르게 되는 법이다.

뿐만 아니라 타인의 입장에서 생각해 보는 배려심이 있어야 한다. 배려는 어떤 사람도 스스로 하게 만드는 부드러운 힘이다. 다른 사람의 입장을 배려하지 않는 사람은 반감을 사기 쉽고, 설득에 있어서도 취약해질 수밖에 없다. 리더는 따르는 사람 없이는 존재할 수 없다.

성과관리 – 성실한 중간점검이 최종성과를 촉진한다

국내 굴지의 은행에 근무하고 있는 강경옥 차장은 오늘도 야근이다. 남들에게는 그럴듯한 부지점장으로 보이겠지만 정작 본인은 부하직원 뒤치다꺼리나 하는 게 아닌가 하는 생각이 들 때가 많다. 자신이 맡은 업무를 처리하는 데도 하루 24시간이 모자랄 지경인데, 부하직원인 마 대리가 실수한 일을 수습하느라 정신이 없다.

업무처리가 꼼꼼하지 못한 마 대리 때문에 곤경에 처한 적이 한두 번이 아니다. 게다가 3년째 함께 일하고 있지만 마 대리의 실적은 좀처럼 나아지지 않을 뿐만 아니라, 그가 만든 제안서는 아직도 신입사원 수준을 벗어나지 못하고 있다. 매번 지적을 해도 개선된 모습을 찾아볼 수가 없다.

답답해서 마 대리와 일한 적이 있는 입사동기 박 차장에게 물어보았다. 분명 거기서도 죽을 쑤고 있었을 거라고 예상했지만 박 차장의 대답은 뜻밖이었다. 그곳에서는 아주 뛰어난 성과는 아니지만 중간 정도의 실적은 항상 올렸다는 것이다. 사실 단순히 학벌만 봐도 머리가 나쁘다고는 할 수 없다. 또 성격도 괜찮은 편이라 사내에서 인기가 없는 것도 아니다. 이리저리 살펴봐도 도대체 마 대리의 문제점이 무엇인지 알 수가 없다.

강 차장은 이번 일만 끝나면 정식으로 마 대리의 성과에 대해 문제제기를 할 생각이다. 그러면서도 속으로는 만감이 교차하고 있다. 몇 년째 함께 일한 부하직원인데 끝까지 가야 하는 것이 아닌가 하는 생각이 들면서도, 이대로는 지점의 목표 달성이 어렵다는 생각이 들면 머리에 쥐가 날 정도이다.

마 대리의 태도에 변화가 없는 것이 답답했는지 며칠 전에는 지점장이 한마디 했다.

"강 차장 말이 마 대리에게 약한 거 아니야? 할 일도 많은데….”

점잖게 한 말인 것 같지만 지점장의 성격을 아는 강 차장으로서는 마음이 다급해진다. 그 정도면 더 이상 못 기다리겠다는 말이나 마찬가지인 것이다.

목표 설정의 어려움

성과관리란 팀의 목표를 달성하기 위해 먼저 구성원 각자가 해야 할 업무와 그에 필요한 자원을 부하직원에게 적절히 할당한다. 그런 다음 중간점검을 통해 목표 달성 수준이 어디까지 와 있는지 확인하고, 본인이 자각할 수 있게 대화를 이끌어 가면서 최종 목표를 성공적으로 달성할 수 있도록 리더로서 지속적으로 지원해 주는 행동이다. 사실 말로는 그다지 어려워 보이지 않는다. 그렇다면 다음과 같이 생각해 보자.

사람들에게 할인점의 매출을 향상시키려면 어떤 방법을 써야 한다고 생각하는지 질문을 던져 보자. 아이를 데리고 쇼핑하는 가족 소비자가 많으니 놀이방을 설치하는 것이 좋겠다는 내용에서부터, 뭐니뭐니해도 할인점은 싸다는 인식이 있으니 가격을 최대한 낮추자는 이야기까지 다양한 답이 나올 것이다.

하지만 그렇게 하기 위해서 직원들에게 어떤 일을 맡길 것인가에 대한 질문을 한다면, 답은 순식간에 줄어든다. 아마 놀이방을 담당하는 직원을 써야 한다는 답 정도가 전부일 것이다. 그리고 기존 직원을 쓸 것인지 혹은 몇 교대로 일해야 할지 등의 문제로 깊이 들어가기 시작하면, 사람들은 이내 "그런 것은 할인점 직원이 생각할 일이죠"라고 말할 것이다.

성과관리의 어려움은 바로 여기에 있다. 즉 일을 '시키는' 것이 문제가 아니고 '무엇'을 시키느냐가 관건이다. 시험 문제를 만들어서 시험을 보게 하지 않고서는 채점을 할 수 없는 것과 같다. 그리고 그 '무엇'이 명확하고 수치화되어 있어야만 성과결과에 대한 측정이 가능해진다. 앞에서 리더는 조직의 비전과 미션을 제시할 수 있어야 한다고 했다. 이 성과관리는 정해진 비전과 미션을 달성할 수 있는 여러 방법을 도출한 뒤, 조각조각 나눠서 팀원에게 분배하는 일에서 시작된다.

성과에 문제가 있는 직원들에게서는 무엇을 해야 할지 잘 모르겠다는 말이 의외로 많이 나온다. 상사의 입장에서는 명확하게 보이는 것이 부하직원에게는 구체적이지 못할 때가 있다. 일반적으로 많이 사용하는 목표 설정 방법에 'SMART'라는 것이 있는데, 목표를 'SMART'에 따라 직원과 함께 수립하면 방향이 명확해진다.

S Specific	구체적이어야 함
M Measurable	측정이 가능해야 함
A Achievable	직원의 힘으로 달성할 수 있는 것이어야 함
R Result-oriented	결과 중심적으로 수립되어야 함
T Time-based	마감시한을 명확히 제시해 주어야 함

이 방법대로 목표를 설정하고 상대방이 합의하면 쓸데없는 데 에너지를 소모하지 않고 성과를 달성하기 위한 행동에 집중할 수 있게 된다.

정기적으로 목표 달성 과정을 점검하라

의외로 많은 리더들이 목표만 설정되면 저절로 성과가 100% 달성될 거라 생각하는 경향이 있다. 비즈니스 리엔지니어링을 이야기하면서 많은 기업들로 하여금 프로세스 혁신에 뛰어들게 했던 마이클 해머^{Michael M. Hammer}의 이야기는 계획대로 행동하는 것이 얼마나 어려운지를 말해준다.

비즈니스 리엔지니어링에 뛰어들었던 기업 30% 정도만 계획대로 프로젝트를 수행했을 뿐, 나머지 70%는 중간에 계획이 변경되거나 완전히 없어진 경우도 있다. 큰 예산이 들어간 전사적인 프로젝트가 그럴진대 실제 개인의 성과행동이라고 별반 다르지 않다. 큰 프로젝트도 결국 개인의 행동이 성공을 좌우하지 않는가.

성과관리의 핵심은 중간점검을 얼마나 효과적으로 하느냐에 달려 있다고 해도 과언이 아니다. 중간점검 주기는 해당 직원의 역량과 경험 수준에 따라 달라진다. 성과가 높은 사람의 경우에는 굳이 자주 만나서 검토해야 할 필요는 없다. 반면에 역량이 부족하거나 경험이 충분하지 않은 경우에는 잦은 피드백과 코칭이 필요하다. 중간단계에서 잘못된 것을 바로 잡지 못하면 결국 연말까지 끌고 나갈 것이고, 그때서야 잘못된 것을 알게 되면 결국 1년 농사는 엉망이 된다. 밑도 끝도 없이 "일단 달려!"라고 말한 뒤, 나중에 왜 100미터 달리기 기록이 이것밖에 안되느냐고 말하는 것과 같다.

중간점검에서 리더는 두 가지 행동을 취할 수 있다. 지금까지 달성한 성과에 대해서는 인정과 칭찬을 아낌없이 해 주는 것이 좋다. 어떤 행동이 성과를 달성하게 했는지까지 끌어내 줄 수 있다면 최고이다. 그러나 계획에 차질이 있는 경우에는 어떤 행동이 문제가 되었는지 반드시 짚어 주어야 한다. 그래야 무엇을 바꾸어야 목표를 달성할 수 있을지가 명확해진다.

이때 애매하게 표현하는 것은 금물이다. 팀원이 혼자 머리 굴리게 하는 것이야말로 근무 의욕을 떨어뜨리는 지름길이다. 부정적인 피드백을 해 주더라도 부정적인 느낌을 갖게 하지 않고 오히려 성과달성에 필요한 확실한 팁을 얻었다는 생각이 들게 하는 것이야말로 리더로서 당신이 해야 할 일이다. 어렵다고 말하지 마라. 직원이 당신의 가치를 인정하지 않는 한 그들은 당신을 신뢰하지 않는다는 점을 반드시 기억해야 한다.

강 차장은 마 대리에 대한 평가를 하기 전에 평소 자신의 업무지시가 명확했는지부터 점검해야 한다. 또한 3년 동안 어떤 업무를 지시했고, 중간점검에서 어떤 부분이 지적됐으며, 기한 완료 이후 달성도는 얼마였는지에 대한 자료가 있는지 생각해 봐야 한다. 사내에 공식적으로 문제를 제기하면서, '마 대리는 그 동안 자질구레한 실수가 많았습니다'라거나, '마 대리의 제안서는 신입사원 수준입니다'라고 몇 줄 적고 말 것인가? 이러한 성과관리야말로 신입사원의 수준으로 보일 것이다.

성실한 성과관리를 위한 팁

- 핵심은 수량화數量化이다.
- 내부 시각으로 본 평가도 중요하지만, 외부 시각에서 성과를 분석하는 것도 필요하다.
- 소비자나 공급자, 판매자의 입장 등 다양한 시각을 도입하라.
- 팀원이 성과를 내지 못하는 이유는 당신의 지시가 모호하기 때문이다.
- 당신의 만족을 위한 기대치를 내세우기에 앞서, 그 동안 보아 온 팀원의 능력을 고려하라.
- 성과와 보상에 대한 명확한 기준을 세우고 공유함으로써 팀원들을 고무시킨다.
- 중간점검을 통해 적절한 피드백을 주어야 한다.
- 잘못한 일을 지적할 때는 현재의 잘못된 일과 향후 기대되는 상태를 함께 언급하고, 그렇게 했을 경우와 안 했을 경우에 따라 달라지는 평가나 결과에 대해 명확히 인식시켜야 한다.

One Point Lesson

**매일 주는 물에 의해 콩나물이 자라듯
당신의 피드백은 부하직원에게 생명수와 같다.**

변화를 주도하는 사람이 승리한다

다국적 보험회사의 전산부서를 책임지고 있는 손민정 부장은 요즘 마음이 착잡하다. 미국 본사에서 일부 전략적인 기능 이외의 전산업무를 글로벌 IT회사에 아웃소싱하기로 결정했기 때문이다. 손 부장은 단순히 따를 수밖에 없는 본사의 결정이라서가 아니라, 비용 절감과 효율성 증진이라는 회사의 방향에 수긍할 수밖에 없다. 아웃소싱이 완료되면 향후 회사의 생산성이 30% 이상 향상된다고 한다.

하지만 아웃소싱 준비작업이 마무리되는 일 년 후에 전산부 직원들의 위치가 어떻게 될지 알 수 없다. 본사에서는 아웃소싱에 관한 전반적인 절차와 일정에 대한 커뮤니케이션 자료를 속속 보내오고 있다. 손 부장은 팀원들에게 아웃소싱 지원 업무를 차질 없이 진행해야 한다는 말을 어떻게 해야 할지 고민이다. 아무리 회사의 효율성 향상을 위한 일이라 하더라도 자신의 일자리가 사라진다는 것을 쉽게 받아들일 수 있는 사람은 없을 것이다.

변하지 않는 것은 없다

변화를 주도해야 하는 이유는 내가 원하든 원하지 않든 세상이 변하기 때문이다. 하루가 다르게 새로운 기술이 등장하고, 여기에 따른 사람들의 기대는 나날이 높아진다. 기업에 대한 시장의 압력이 거세지면서, 새로운 비즈니스를 창출해 내지 않으면 도태되는 변화의 시대를 살고 있는 것이다.

변화 없이는 성장도 없는 세상에서 스스로 변화의 주도권을 가지고 선두에 서지 않으면 흐름에 휩쓸리는 피해자가 될 수밖에 없다. 더구나 리더인 당신은 자신 혼자만 변화해서도 안 된다. 부하직원도 변화의 흐름을 타고 갈 수 있도록 이끌어야 한다.

손 부장은 아웃소싱 지원 업무에 앞서 무엇보다 팀원 스스로 회사의 조치를 받아들이는 것이 무엇보다 중요하다고 판단했다. 그래서 일단 팀원들을 설득할 수 있는 다른 회사의 사례를 알아보고, 각종 자료와 기사를 모았다. 그런 다음 변화의 당위성에 관한 책을 구입해서 부서 필독서 모임을 갖기로 했다. 아웃소싱에 대해 이미 알고 있던 직원들은 처음에는 냉소적인 반응을 보였다. 지금 같은 상황에 한가롭게 독서를 하고 있을 수 없다는 것이었다.

손 부장이 그럼 가만히 앉아서 일자리가 없어질 때까지 기다리고만 있을 것인지 묻자, 팀원들은 어쩔 수 없다는 표정으로 책을 받아들었다. 그 후 두 달 간의 독서모임을 통해 책의 내용과 그 동안 수집한 자료를 공유하고 서로 의견을 나누는 시간을 가졌다.

결국 팀원들은 변화가 불가피하다는 사실을 받아들이며 스스로 경쟁력을 키워야겠다는 결론에 다다랐다. 손 부장은 팀원들에게 일 년 후에 원하는 자신의 모습을 그려보고, 필요한 것이 무엇인지 자기 계획서를 써오도록 했다. 그리고 회사 예산으로 팀원들이 경쟁력을 높일 수 있도록 적극 지원하고 아웃소싱 업무가 완결되고 나면 이직에 필요한 도움을 주겠다고 밝혔다. 팀원들은 회사와 손 부장의 적극적인 지원 약속에 점차 안정된 모습으로 업무에 임하게 되었다.

손 부장은 팀원들에게 최선의 방법을 제시하고 업무를 차질 없이 처리할 수 있도록 잘 대응했다. 다만, 논리적으로 팀원들을 설득하고 미래를 대비하도록 한 것은 좋았으나, 팀원들의 감성적인 부분에 대한 지속적인 배려가 미흡했다는 점이 보완 사안으로 지적되었다. 변화의 당위성을 머리로는 받아들였다고 하더라도, 막상 변화를 감당해야 하는 당사자는 감정적으로 의기소침해질 수 있기 때문이다. 직원 수가 대폭 감소하더라도 지위에 변함이 없는 리더가 느끼는 것보다 팀원이 느끼는 심리적 압박이 더욱 심한 것이 당연하다. 개인면담을 통해 일 대 일로 팀원의 감정에 귀를 기울이는 시간을 갖자.

변화관리를 위한 팁

실직 위기라는 극적인 변화는 누구나 받아들이기 힘들다. 하지만 요즘같이 급변하는 세상에서 자신에게는 이런 일이 생기지 않을 거라며 안심하고 있을 수만은 없다. 변화를 주도하기 위해서는 변화를 미리 감지하는 것이 중요하다. 향후 전망에 대한 기사나 자료를 볼 때에도, 그것이 당신과 어떻게 연결될 것인가를 생각해 보는 것이 좋다. 그리고 변화가 시작되고 있다고 느낀다면, 바로 다음과 같은 단계에 들어가야 한다.

1단계 : 변화를 예측하라

- 변화의 과정을 이해하는 시간을 갖자.
- 당신이 변화에 대해 어떻게 생각하고 있는지 적어 보라.
- 당신이 변화에 저항하고 있다면, 그 이유가 무엇인지 파악해 보자.
- 당신에게 영향을 미칠 수 있는 변화는 무엇인지, 그리고 그 변화를 촉진시키는 것은 무엇일지 생각해 보자.

2단계 : 변화를 주도하라

- 변화할 준비가 되어 있는지 확인하라.
- 변화에 대한 계획을 세워라.

- 핵심 멤버의 지지를 얻어 내고 각 변화 과정에 필요한 사람을 끌어들여라.

- 필요한 시스템과 구조를 만들자.

- 성공적인 변화가 커뮤니케이션에 달려 있다는 점을 유념하라.

3단계 : 변화를 관리하라

- 변화 과정에 있어 전문가가 되라.

- 이러한 과정 속에서 일어나기 시작하는 변화를 추적하라.

- 모든 변화 과정에서 큰 그림을 기억하라.

- 지속적으로 동기를 부여하고 자극하라.

One Point Lesson

"세상에서 변하지 않는 것은 변해야 한다는 사실뿐이다"는 말을 좌우명으로 삼으라.

영향력은 배려를 통해 완성된다

차미혜 과장은 적극적인 성격으로 항상 상황을 주도적으로 이끌어 가는 편이다. 프로젝트를 수행할 때뿐만 아니라 회의를 할 때도 분위기를 상승시키는 역할을 주로 맡고 있다. 특히 자칫 서먹한 분위기가 될 수 있는 상황이 차 과장으로 인해 활기를 띠게 될 때에는 그녀의 역할이 단연 돋보인다.

부서장은 차 과장의 이런 적극성을 잘 알고 있기에 외부 강사 초빙 강연회를 맡겼다. 강연이 끝나고 질의응답 시간이 되었지만, 먼저 질문을 던지는 사람이 없었다. 그러자 차 과장이 손을 들고 매우 유익한 강연이었다고 말하면서 궁금한 점을 물었다. 이어서 참석자들의 질문이 쏟아져 나왔다.

그런데 차 과장의 질문은 계속되었고, 결국 시간을 조금 연장했지만 참석자들의 질문을 다 받지 못한 채 강연회가 마무리되었다.

스스로 돌아보게 하라

강사를 배웅하고 돌아온 차 과장은 부장이 찾고 있다는 이야기를 듣고 부장실로 향했다. 당신이 부장이라면 이 상황에서 어떻게 이야기를 시작하겠는가? 주최측인 차 과장이 개인적인 질문을 너무 많이 하는 바람에 다른 참석자들이 기회를 못 가진 것이 문제라고 직접 피드백을 줄 것인가? 그건 바람직하지 않다.

우선 차 과장이 강연회를 성공적으로 마친 점을 인정하고 칭찬해 주라. 그리고 차 과장의 마음이 대화를 위해 충분히 열렸다는 판단이 서면 차 과장으로 하여금 강연회의 성과를 어떻게 평가하고 있는지 질문할 것을 권한다. 잘한 점은 인정하되, 개선점에 대해서도 스스로 돌아볼 수 있게 해 주는 것이 필요하다.

부장은 강연회를 주관하는 사람의 역할을 무엇이라 생각하는지 물어보았다. 차 과장은 청중에게 도움이 되는 내용을 준비하고, 당일에 무리 없이 진행해 나가는 것이 중요하다고 대답했다. 차 과장이 먼저 질문을 시작함으로써 다른 사람들이 질문할 수 있도록 문을 열어 준 것은 아주 센스 있게 잘한 것이라고 충분히 공감을 표시해 주는 것이 좋다.

그 다음, 혹시 그로 인해 놓친 것은 없는지 한번 물어보라. 당신의 판단을 미루고 그녀가 스스로 말할 때까지 기다려라. 차 과장의 얼굴 표정에 어떤 변화가 일어나는지 살펴보라. 가끔은 강한 말보다 짧은 침묵이 더 효과를 발휘할 때도 있는 법이다.

잠시 머뭇거리던 차 과장은 질문 분위기를 만들기 위해서 자신이 질문을 시작했지만 다른 참석자들로부터 질문이 나오기 시작하면서는 다른 사람들에게 기회를 줬어야 했는데 그 점을 놓친 것 같다는 말을 했다.

만약 여기까지 대화를 이끌어 왔다면 당신의 커뮤니케이션 능력은 대단한 수준이다. 자신이 놓친 부분을 스스로 찾아낼 수 있게끔 대화를 성공적으로 이끌어 왔다. 이 순간, 당신은 한 마디 말로 산뜻하게 대화를 끝낼 수 있다.

"차 과장님은 일도 잘하지만 학습능력까지 뛰어나네요."

그리고 호탕하게 웃어 주라.

절제의 미

리더는 타인에게 영향력을 미치는 사람이다. 많은 사람들과 함께 일을 해야 하고, 수시로 발생하는 문제를 해결하기 위해 여러 사람을 개입시켜야 할 때가 많다. 이런 상황은 앞으로 더욱 심화될 것이며, 그럴수록 타인을 움직일 수 있는 영향력의 중요성은 더욱 강조될 수밖에 없다. 하지만 영향력이라는 것은 저절로 생기는 것이 아니다.

예를 들어, 회식 장소 정하는 것만 봐도 확연히 차이가 난다. 아무거나 다 좋다며 결정이 날 때까지 가만히 있는 사람이 있는가 하면, 분위기도 좋고 가격도 저렴한 곳을 알고 있다며 전화를 걸어 예약 가능 여부를 물어보는 사람도 있다. 사소해 보이는 일이지만 앞장서서 일을 하는 사람들이 결국 영향력을 행사하게 된다. 남이 하자는 대로 하는 것이 물론 편하기는 하다. 하지만 영향력이라는 자산은 꾸준히 관리하지 않으면 나중에 정작 필요할 때 쓸 수 없다는 것을 명심해야 한다.

그러나 여기에도 지나치면 독이 되는 민감한 부분이 있다. 영향력은 항상 손에 꺼내들고 있어야 하는 무기가 아니라는 점이다. 때로는 내가 쓸 수 있는 영향력이 있을 때라도 주머니에 넣어 두는 것이 더 효과적일 때가 있다. 앞서 나온 차 과장의 상황이 바로 그런 경우이다. 영향력을 행사하는 것이 모든 일에 있어서 전면에 나서는 것을 의미하는 것은 아니다. 뒤에서 다른 사람을 받쳐 주는 것도 영향력으로서의 힘을 가질 수 있다. 직접적인 영향력 행사보다 뒤에서 조용히 받쳐 주는 영향력을 발휘할 때 함께 있는 사람으로부터 존경까지 보너스로 얻을 수 있다.

이런 간접적인 영향력이야말로 남성과 차별화되는 여성만의 강점이다. 감성경영이 강조되는 최근의 리더십 트렌드는 당신의 배려를 빛나게 해 줄 환경을 갖추고 당신을 기다리고 있다.

영향력 향상을 위한 팁

- 업무에서 뿐만 아니라 평상시 영향력을 발휘할 수 있는 다양한 기회를 만들어라.
- 회의에서의 영향력은 의제에 대한 명확한 이해를 바탕으로 한 철저한 준비에서 나온다.
- 당신의 아이디어가 도전을 받았을 때, 당신의 논리가 정당하다면 다시 말하라.
- 단순한 의견 제시에서 끝나지 말고, 다른 사람이 행동을 취하도록 이끌어라.
- 상사의 결정 과정에 영향력을 행사할 수 있는 사람이 되자. 곧 상사가 도움을 요청할 수 있는 사람이 되자.
- 동료나 상사들과 나누는 비공식적인 이야기를 통해 어떤 목적과 어려움이 있는지 파악하고, 향후 사내에 필요한 아이디어를 낼 때 접목시켜 보자.
- 사내에서 영향력 있는 사람을 모델로 삼고 배워라. 친분을 유지하는 것도 좋은 방법이다.

One Point Lesson

부드럽고 강한 영향력, 당신의 배려에서 나온다.

부하직원 키워 주기

최송화 부장은 똑 소리 나게 일을 잘하는 김 대리 때문에 오히려 머리가 아프다. 김 대리 위로 과장이 있긴 하지만, 다급한 업무는 과장을 제치고 김 대리에게 주로 맡긴 것이 화근이었다.

김 대리는 자신이 다른 팀원보다 더 노력해서 일을 빨리 처리했는데 오히려 업무가 늘어난다며 불만을 토로했다. 그렇다면 차라리 다른 직원들처럼 느긋하게 일을 하는 것이 낫겠다는 김 대리의 이야기에 최 부장은 할 말이 없었다.

그래서 아무리 급한 일이 생겨도 김 대리에게 선뜻 일을 맡길 수가 없을 뿐더러, 동료들도 김 대리에게 도움을 청하기를 꺼리게 되었다. 이런 분위기는 장기적으로 팀에 악영향을 줄 것이다.

그러나 더욱 안타까운 것은, 능력 있고 성장 잠재력이 큰 김 대리가 미래에 있을 자신의 엄청난 기회를 보지 못하고 있는 점이다.

목표를 일깨워 주라

최 부장은 김 대리를 불러 그의 뛰어난 업무능력과 그로 인한 팀 전체의 기여도에 대한 칭찬을 했다. 그리고 장차 회사에서의 목표가 무엇인지 물었다. 김 대리는 일단 매니저로 성장하고 싶다고 말했다.

최 부장이 매니저 이후에는 무엇이 되고 싶은지 재차 물었다. 김 대리는 거기까지는 아직 생각해 보지 않았다며 말끝을 흐리다가, 최 부장의 진지한 표정을 보더니 자신의 목표를 정리하여 말했다.

"부장님처럼 한 팀의 리더를 거쳐 비즈니스를 총괄하는 사업부 임원이 되고 싶습니다."

최 부장이 다시 물었다.

"지금부터 몇 년 후에 그 꿈을 이루고 싶나요?"

김 대리는 당황했지만 최 부장의 결연한 질문에 압도되어 '10년 후'라고 대답했다.

최 부장이 말을 이어갔다. 지금까지 보여 준 김 대리의 실력과 자신감이면 꼭 그렇게 될 것이다, 그리고 그 동안 김 대리의 능력을 믿고 업무를 많이 준 것이 사실이라고 인정했다. 하지만 지금과 같은 상황이면 나중에 매니저가 되더라도 팀원의 협조를 구하기 어려울 수 있다는 점을 상기시켰다.

그런 다음 김 대리가 그저 회사에 안정적으로 다니는 것만 원한다면, 앞으로 다른 업무를 주지 않겠다고 말했다. 하지만 매니저가 목표라면 향후 도움이 될 만한 업무는 적극적으로 경험하게 하고 싶다고 덧붙였다.

똑똑한 김 대리는 당연히 최 부장의 제안을 환영했고, 앞으로 맡게 될 다양한 업무에 대한 기대감을 적극적으로 보였다. 최 부장은 몇 가지 책을 추천해 주면서, 리더가 되려면 업무 외에도 어떤 부분을 갈고닦아야 되는지 정기적으로 만나서 토론해 보자고 제안했다.

이제 목적이 분명해진 김 대리는 자신의 업무는 물론 팀 내의 소재가 분명하지 않은 일까지 적극적으로 처리함으로써 본인의 실력을 더욱 빛낼 뿐만 아니라 팀워크에도 많은 기여를 했다.

간결하고 명확하게 지적하라

과거와 달리 개인주의가 심화되면서 자신의 업무 외의 일은 잘 하지 않으려고 한다. 그렇다고 급하게 처리할 사안이 생겼는데 팀원들이 모두 자기 일이 아니라고 외면한다면 그 팀의 미래는 불투명하다. 이럴 때 리더는 팀원의 행동을 긍정적으로 이끄는 코칭을 해야 한다. 하지만 실제 현장에서는 코칭 방법에 대해 고민하는 초·중급 매니저가 많다. 직설화법이냐 간접화법이냐의 사이에서 갈피를 잡지 못하는 것이다.

또한 여성 리더들은 싫은 소리 하는 것을 부담스러워해 유야무야 넘어가는 경우도 있다. 당신이 하는 이야기가 싫은 소리라고 생각된다면, 그것은 당신의 방식을 수정해야 한다는 의미이다. 코칭은 팀원의 행동을 옳은 방향으로 교정하는 것을 목표로 하는 것이지, 공격을 하거나 망신주기가 아니기 때문이다.

잘못된 점이 명백할 경우, 또는 부하직원이 자기 자신을 잘 모르고 있을 경우 간결하고 명확하게 지적하고 올바른 행동을 알려 주는 것을 목표로 하라. 당사자가 잘못을 인식하고 있다면 지적을 쉽게 받아들일 수 있는 상황이기 때문에 굳이 빙빙 돌려 말할 필요가 없다.

부하직원 개발을 위한 팁

- 평소에 부하직원의 장점을 보라. 리더가 믿는 만큼 부하직원은 성장한다.
- 부하직원의 성장 잠재력을 스스로 알 수 있도록 일깨워 주라.
- 부하직원이 목표를 정하도록 일깨우되 목표를 향해 가는 구체적인 계획과 노력을 할 수 있도록 지속적으로 지원하라.
- 리더의 열정이 곧 부하직원의 열정임을 기억하라.
- 다양한 업무 및 리더십 기회를 주어 역량을 키우게 하라.
- 때로는 리더인 당신을 대신해서 회의에 참석할 수 있는 기회를 주라.
- 섣부른 비난은 하지 마라.
- 정기적으로 정확한 피드백을 주라.

One Point Lesson

부하직원의 장점을 보라. 당신이 믿는 만큼 성장한다.

부하직원 버스 갈아태우기

홍보담당 장진식 대리는 업무에 대한 아이디어가 부족하다. 그가 작성한 신제품 홍보전략을 보며 왜 이렇게 했는지 질문하면, 합리적 근거를 제시하지 못하고 예전에도 그렇게 했기 때문이라고 대답한다. 그나마 예전 파일에서 숫자를 바꾸는 작업도 제대로 하지 못해 실수투성이다.

영업부에서는 홍보효과가 영업성과에 전혀 영향을 미치지 못한다며 장 대리에 대해 부정적인 피드백을 자주 준다. 홍보전략은 제품의 마케팅 전략과 직결되기 때문에 비즈니스에 대한 인식이 필요하다. 그러기 위해서는 마케팅팀과 영업부와도 긴밀하게 커뮤니케이션하면서 홍보전략을 세워야 하는데, 장 대리에게는 그런 면이 보이지 않는다. 아무리 생각해도 장 대리는 홍보업무보다는 안정적이고 지속성을 가진 업무가 더 적합한 것 같다.

팀장으로서 부하직원을 잘 이끌고 가야 하지만 마냥 기다려 줄 수만은 없는 게 아닌가 하는 생각이 들면서도 막상 대화를 시작하려고 하면 막막해진다. 리더로서 가장 힘든 경우가 바로 이런 때인 것 같다.

당신은 팀의 성과를 책임지는 리더이다

최선을 다해 최적의 사람을 채용한다고 하지만 가끔은 그렇지 않은 경우가 있다. 장진식 대리의 케이스가 그렇다. 당신이 장 대리의 팀장이라면 어떻게 할 것인가?

우선 장 대리에 대해 속단하지 말 것을 권한다. 당신 입장에서 보기에 아무리 명확하다고 할지라도 가끔은 중요한 포인트를 놓칠 때가 있다. 명확하다고 생각하는 당신의 판단을 포기하지 말라는 얘기가 아니다. 다만 잠시 옆으로 미뤄 놓고 장 대리에 대한 객관적인 자료를 수집하라는 말이다. 그 자료가 현재 당신의 생각을 뒷받침할 수도 있지만, 당신이 미처 고려하지 못했던 새로운 관점을 줄 수도 있기 때문이다. 이 자료에는 장 대리와 업무관계가 있는 다른 사람들로부터 받은 피드백도 포함하는 것이 바람직하다. 그 정보가 객관적이고 구체적인 사실에 근거한 것일수록 당신의 코칭은 수월하다.

일단 데이터가 수집되었으면 장 대리의 직무 기술서에 근거하여 다시 한 번 검토해 보라. 그리고 당신이 그에 대해 가졌던 생각을 테스트해 보라. 만일 잘못 인식한 부분이 있다면 즉시 시정하는 것이 필요하다. 예를 들면 목표 설정이 잘못되었는지, 경력에 비해 너무 높은 수준의 업무를 준 것은 아닌지, 당신이 고려해야 할 점이 꽤 있을 것이다.

데이터를 다각도로 검토해 본 결과 장 대리가 현재 업무에 적합하지 않다는 판단이 서면 빠른 시간 내에 그가 더 잘 할 수 있는 곳으로 보내는 것이 리더로서 더 현명한 판단이 될 수 있다. 물론 조직의 성과를 위해서도 그것이 훨씬 더 바람직하다.

그런 판단이 섰다면 장 대리와 미팅시간을 갖는다. 누구나 좋은 리더가 되는 것을 목표로 하지만 좋은 리더가 언제나 상대방이 듣기 좋아하는 말만 하는 사람은 아니라는 점을 인식해야 한다. 당신은 팀의 성과를 책임지는 리더이기 때문이다.

상대방이 쉽게 동의하지 않고 또 저항을 할 수도 있으므로 충분히 시간을 확보하는 것이 필요하다. 대화를 시작하기 전에 대화의 목적과 당신이 기대하는 바를 명확히 표현하고 그에 대해 장 대리의 동의를 받아낼 것을 권한다. 회의 목적과 관련하여 장 대리가 추가하고 싶어하는 것이 있는지 물어보고 필요하면 수용하라.

자, 이제는 당신이 그 동안 정리해 놓은 데이터를 보여 주고 말하라. 데이터에 대한 당신의 견해를 이 단계에서 밝히는 것은 치명적이다. 사실만 말하고 그 데이터에 대해 장 대리가 말하도록 하라. 그리고 그의 말을 성실하게 경청하라. 이때 경청하는 당신의 태도는 대화의 질에 매우 큰 영향을 미친다.

당신이 반드시 짚어야 할 점은 장 대리에 대한 그런 피드백이 나오게 된 데 대한 그의 생각과 함께 이런 상태가 팀 전체의 성과달성에 미치는 영향에 대해 그가 생각할 수 있도록 대화를 이끌어 가야 하는 것이다.

당신의 이야기는 그 사람 개인에 대한 것이 아니라 성과 행동과 그것이 미치는 팀 성과로 국한지어져야 한다. 그렇지 않으면 그는 본질은 뒤로 하고 당신이 가진 그에 대한 감정을 붙들고 늘어질 수 있다. 이런 상황에서는 작은 단서라도 그에게는 집요한 변명의 빌미를 제공할 수 있다. 지루할 수도 있지만 긴장된 상황을 최대한 감정을 배제한 채 이끌어 간다면 그가 먼저 변화를 보일 것이다.

그의 표정에 조금이라도 그런 신호가 보이면 당신은 회사 내에서 그가 다른 경력을 쌓아 가도록 도와 줄 수 있는 위치에 있다는 점을 깨닫게 해 주는 것이 필요하다. 그의 역량과 경험을 필요로 하는 업무는 다른 부서에도 있을 수 있다.

리더는 여러 가지 업무를 담당하기 때문에 시간을 적절히 배분해서 사용하는 것이 매우 중요하다. 업무가 산재해 있는데 모든 시간을 부하직원을 코칭하는 데에만 쏟아 부을 수는 없는 것이다. 무슨 일이든지 우선순위가 있다. 장 대리의 경우는 단순한 코칭만으로는 상황이 호전되기를 기대하기 힘들다. 이럴 때에는 여느 때보다 더 짧은 기한을 주고 성과관리를 해서 적극적인 변화를 원한다는 신호를 보내야 한다.

앞으로 몇 개월 이내에 사내 채용 공고가 있을 때 지원하거나, 다른 회사로의 취업도 고려해 보기로 할 수 있다. 장 대리 스스로 본인의 장래를 위해 적극적으로 노력하지 않으면 퇴직이라는 현실을 받아들일 수밖에 없다는 사실을 확실히 해 두어야 한다.

상자 안의 썩은 사과는 다른 사과도 썩게 만든다

썩은 사과를 그냥 두면 상자 안에 있는 다른 사과도 썩는 법이다. 긍정적인 성과에 맞는 보상이 필요한 것처럼, 부정적인 성과에는 적절한 조치가 필요하다. 그렇지 않으면 당신의 팀에서 열심히 일하는 직원을 찾아볼 수 없게 될 것이다. 일을 하지 않는데도 꼬박꼬박 월급을 받는 사람 옆에서 누가 굳이 열심히 일을 하려고 하겠는가?

사실 다른 팀보다 코칭에 익숙한 인사 담당자들도 막상 자신이 이런 경우에 부딪쳤을 때 적절히 대응하기가 쉽지 않다고 호소한다. 매니저 입장에서는 자신이 뽑은 사람이기 때문에 자리를 박탈하는 것에 대한 책임감을 느끼게 된다. 하지만 부적합한 직원 한 사람에 대한 책임감 때문에 팀 전부를 버릴 것인가?

코칭의 효과를 기대해서가 아니라, 기본적으로 정해진 절차에 따라 적절히 대응했음을 누구나 알 수 있도록 공식적이고 객관적인 관리를 해야 한다. 능력 부족을 어떤 식으로 상쇄할 것인지에 대한 계획서를 쓰도록 하되, 일반 성과관리와 마찬가지로 반드시 측정요소를 포함하도록 한다.

경영학의 대부 피터 드러커는 "측정할 수 없는 것은 관리할 수 없다"는 말을 했다. 수행 결과가 기준에 못 미칠 경우 발생하는 결과를 사전에 명확히 알리자. 고과 반영으로 인한 승진 누락이나 월급 감소, 그리고 심할 경우 해고에 이르기까지, 단계별로 수행의 결과가 분명한 결과를 가져온다는 사실을 인식시켜야 한다.

그리고 이러한 지적을 받는 사람들은 누구나 현실을 거부하거나 화를 내기도 하는 등 초반의 감정적 불안정을 보인다는 사실을 명심하고 최대한 감정을 자제하고 대응해야 한다.

부하직원 코칭을 위한 팁

- 개인면담을 적극 활용하되, 면담 자리는 가르치는 자리가 아니라 듣는 자리라는 사실을 잊지 말자.
- 일을 단숨에 배울 수는 없다. 인내심을 가지고 성장할 수 있도록 도와야 한다.
- 다양한 경험을 해 볼 수 있는 업무 기회를 준다.
- 업무수행에 문제가 생기면 망설이지 말고 바로 지적한다. 시간이 지난 후 지적하면 효과가 떨어진다.
- 상사의 지적을 민감하게 받아들일 수 있다는 점을 명심하라.
- 지적을 받는 사람이 자신의 입장을 밝힐 수 있는 기회를 준다.
- 지적을 하더라도 긍정적인 내용을 함께 언급하자. 적어도 어려운 점이 있다면 도움을 요청하라는 말은 무리 없이 덧붙일 수 있다.
- 무능력한 사원을 능력 있게 만드는 것보다 가능성 있는 사람을 지원하는 것이 우선시되어야 한다.

One Point Lesson

최악의 상황에 대비해 절차에 맞는 처리 단계를 미리 준비하라.

팀워크 기르기-뭉쳐야 산다

김인식 팀장은 국내 포털업체에서 디자인 관련 업무를 이끌고 있다. 디자인이라는 일은 보이지 않는 아이디어를 놓고 긴 씨름을 해야 하므로 팀장으로서 가장 관심을 갖고 있는 부분은 팀워크이다.

그런데 김영미 씨 때문에 팀장 역할을 하기가 힘들다는 생각이 든다. 그녀는 자기가 맡은 일은 마무리까지 산뜻하게 잘하고 아이디어도 출중해서 디자인 업무에 적임자지만, 첫돌 지난 아이가 있어 자신의 업무만 끝나면 다른 팀원들이 야근을 하든 말든 칼퇴근이다. 주어진 업무만을 하고 싶어하는 경향이 크게 두드러지는 편이다.

맡은 업무를 워낙 깔끔하게 끝내는 터라 뭐라 말을 하기가 쉽지 않다. 다른 팀원들은 그녀에게 일을 너무 적게 주는 게 아니냐, 너무 관대한 거 아니냐며 불만이 많다. 그녀의 태도를 계속 묵인해 준다면 다른 팀원들도 자기와 관련 없는 일을 하지 않으려 할 것이고, 이런 상황이 계속된다면 프로젝트를 기한 내에 끝내기가 어렵다. 이미 몇 명은 추가 업무에 대해 노골적으로 저항을 드러내고 있다.

뭉쳐야 산다

김영미 씨의 문제가 무엇일까? 칼퇴근하는 것일까? 아니면 다른 직원들의 일을 도와 주지 않는 것일까? 그것부터 파악하는 것이 필요하다. 요즘 세상에 칼퇴근을 뭐라 하는 것이 무리라는 것은 누구나 안다. 더구나 그녀가 어린아이가 있음을 팀원들은 잘 알고 있지 않은가.

조용한 시간에 혹시 말 못할 사정은 없는지 먼저 상황을 확인해 보는 자리를 만들어야 한다. 상황을 모르면 당신이 무엇을 해야 하는지 방향을 잡을 수 없다. 그리고 김영미 씨에게 자신의 칼퇴근을 다른 팀원들이 어떻게 생각하고 있는지 아느냐고 한번 물어보라. 실무선에서 일하는 직원들일수록 자신의 행동이 타인에게 미치는 영향을 놓치기 쉽다. 이런 경우 단순히 몰라서 하는 행동일 수도 있으므로 자신을 볼 수 있게만 해 줘도 행동이 바뀐다.

대부분의 오류는 리더가 먼저 옳고 그름을 판단하는 데서 나온다. 아무리 리더라고 해도 당신이 옳고 그른 것을 판단하는 사람은 아니라는 점을 인정해야 한다. 당사자가 그것을 판단할 때 비로소 그는 행동을 바꿀 수 있는 내적 동기부여를 만들어 낼 수 있다. 당신은 그녀의 잠재되어 있는 가능성에 불을 붙여 주기만 하면 된다.

당신의 관심을 팀원들에게도 돌려 볼 필요가 있다. 그들 또한 팀원이다. 그들이 김영미 씨를 비난하는 것에서 벗어나 그녀가 온전한 팀원으로서 팀의 문제를 함께 해결하는 파트너로서 기여하게 할 수는 없을까?

지나치게 의도적인 개입보다는 간단히 워크숍을 가는 것도 좋은 방법이다.

당신이 항상 문제를 해결해 줘야 한다는 생각에서 벗어나라. 그들 스스로 문제를 해결할 수 있는 상황을 만들어 주는 것이야말로 리더인 당신이 해야 할 일이다. 개인의 능력 개발도 중요하지만 팀으로서 함께 일하는 능력을 키워 주는 것이야말로 더 높은 성과를 이끌어 내는 핵심이다.

모처럼 마련된 워크숍을 통해서 팀원 모두가 야근을 줄일 수 있는 합리적인 업무 분장표를 만들었음은 물론, 야근이 필요한 경우는 순번제를 도입하기로 했다. 이제 김영미 씨는 야근이 필요하면 가족의 도움을 기꺼이 받을 수 있게 되었으며, 칼퇴근도 동료들의 이해 속에서 즐겁게 하고 있다.

조직의 성공을 불러오는 열쇠

현대와 같이 경쟁이 심한 사회에서 회사의 팀워크는 생존과 직결된다. 여러 사람이 모여서 더 좋은 생각을 도출해 내는 것이 다른 기업과의 경쟁에서 이길 수 있는 결정적인 힘이 되기 때문이다. 화살 하나를 부러뜨리는 것은 쉽지만, 여러 개의 화살을 뭉쳐서 부러뜨리기는 쉽지 않다.

하지만 여러 개의 화살이라도 뭉쳐 있지 않다면 이야기가 다르다. 흩어져 있는 화살은 아무리 그 수가 많아도 시간이 오래 걸릴 뿐이지 부러뜨리기가 어려운 것은 아니다.

경쟁이 심화되는 현상은 기업 간에만 적용되는 것이 아니라, 직원 개개인에게도 적용된다는 점에서 어려움이 생긴다. 특히 평생직장의 개념이 사라지고 성과 위주의 경쟁적인 시스템이 적용되면서, 과거의 일사불란함을 자랑하던 팀워크가 약해지는 단점이 발생하게 되었다. 결국 많은 기업에서 개개인의 역량을 통합시키기 위해 각종 팀워크 강화 프로그램을 운영하고 있다. 이러한 고민은 기업뿐만 아니라 리더인 당신도 피해 갈 수 없다. 직원 간의 경쟁을 선의의 경쟁으로 적절히 유지하면서 상호 협조하는 팀 분위기를 만드는 것이 당신의 능력이며, 조직의 성공을 불러오는 열쇠이기 때문이다.

팀워크를 조성하기 위해서는 팀원에 대한 이해가 최우선이다. 팀원의 능력이나 성격, 개인 상황에 대한 파악 없이 적절한 업무를 맡기는 것은 불가능하다. 그리고 적절하지 못한 업무 분배는 좋은 성과를 기대하기 힘들 뿐 아니라, 팀원의 불만을 사게 되는 첫걸음이다.

팀 내 긴장감을 적절히 조절하는 것도 필요하다. 긴장감이 아주 없어도 안 되겠지만, 지나치게 경직된 분위기도 업무 능률을 떨어뜨린다. 줄을 계속 당기기만 하면 끊어지는 것과 마찬가지다. 휴식 시간, 맛있는 간식, 단체 영화관람, 회식 등 소소하지만 미소를 자아낼 수 있는 다양한 보상을 고안하라.

효과적인 팀워크 기르기 팁

- 연례 워크숍을 정례화하고, 필요에 따라 비정기적인 워크숍을 갖는다.
  다만 목적 없는 워크숍은 금물이다.
- 팀원 모두 참여하는 여러 가지 기회를 고안하라.
- 팀원의 제안에 대해 성급하게 가타부타 결정을 내리지 마라.
  사람들의 말문을 막는 지름길이다.
- 수동적인 팀원은 어디에나 있다. 이들의 참여를 이끌어 내기 위해 격의
  없는 자리를 마련하고, 참을성을 가지고 스스로 참여하도록 배려하라.
- 비평이 필요하다면 사람이 아닌 업무에만 중점을 두고 이야기하라.
- 새로운 정보를 팀원과 공유하는 것은 신뢰감을 쌓는 데 도움이 된다.
- 어설픈 비밀은 신뢰감을 해친다. 사내 기밀이라면 철저히 관리하라.
- 팀의 업무를 도와 주는 관리나 지원팀에도 감사의 표시를 잊지 마라.
  자질구레한 일에 신경 쓰지 않아도 되는 것은 그들이 있기 때문이다.

One Point Lesson

톱니바퀴의 어느 한 부분에 생기는 작은 문제에도
당신의 수레바퀴는 멈출 수 있다.

보다 넓은 시야와 목표를 가지고 당신에게 다가오는 모든 것을 기회로 만들어 나가야 한다. 일에 대한 열정, 그것이 여기서 말하고자 하는 커리어 관리의 핵심이다.

제5장

커리어 관리 –
스스로를 확장하라

커리어 관리는 한 마디로 당신이 설정한 경력 목표를 이루기 위해 스스로를 확장하는 작업이다. 좌우로는 여러 가지 업무를 섭렵하고, 상하로는 단계별 직위를 통해 위치에 맞는 행동을 익히는 과정 속에서 어느 한쪽에 치우치지 않고 커리어를 균형 있게 확장하기 위해서는, 현재 당신의 위치와 능력을 파악하고 부족한 부분에 대해 목표를 세우고 실행하는 것이 중요하다.

앞서서 리더는 팀의 목표를 제시하고, 팀원을 이끌어 실행하고, 또 그 결과를 평가하는 작업을 해야 한다고 말한 바 있다. 커리어 관리는 당신이라는 브랜드를 가지고 이러한 작업을 수행하는 것이다. 스스로 목표가 없는 사람이 팀 전체의 목표를 잘 설정하기를 바랄 수는 없는 일이다.

커리어 관리는 직장인이라면 누구나 해야 하는 필수 사항이면서, 많은 사람들이 관심을 갖고 있는 부분이므로 굳이 의미를 설명하지 않아도 될 것이다. 커리어 관리를 하는 목적은 사람마다 다를 수 있다. 사실 많은 사람들이 보다 높은 연봉을 받기 위해서 커리어 관리에 신경을 쏟는다. 물론 연봉은 당신의 능력에 대한 정당한 값어치를 받는 것이기에 빼놓고 생각할 수 없는 중요한 문제이다.

하지만 눈앞의 작은 성공을 보느라 미래를 미처 생각하지 못하는 우를 범해서는 안 된다. 회사 내에서 업무를 할 때도 눈에 성과가 보이는 일은 도맡아 하려 하지만, 눈에 잘 띄지 않는 일에는 손도 대지 않으려고 하는 사람들이 대표적인 케이스이다.

리더가 되기 위한 커리어 관리의 핵심은 우직하게 걸어 나가는 것이라고 말하고 싶다. 눈에 띄는 것, 하고 싶은 것, 편한 것만 찾는 커리어 관리는 리더가 되기 위한 소중한 경험을 쌓는 데는 도움이 되지 않는다.

자기 꾀에 자기가 넘어간다는 이야기가 있다. 가시적인 것에 치중한 커리어 관리는 당신의 시야를 점차 좁게 만들 뿐이다. 코앞의 성공에 전도되어서는 안 된다. 보다 넓은 시야와 목표를 가지고 당신에게 다가오는 모든 것을 기회로 만들어 나가야 한다. 일에 대한 열정, 그것이 여기서 말하고자 하는 커리어 관리의 핵심이다.

커리어 목표와 자기계발

신문방송학을 전공하고 국내 광고대행사에서 AE로 근무해 온 김윤아 대리는 어느 순간부터 회사 업무에 흥미를 느끼지 못하게 되었다. 주로 계열사의 광고를 담당하는 인하우스 에이전시라 안정적이기는 하지만, 매번 비슷한 제품군을 다뤄야 하기 때문에 분명히 한계가 있다는 생각이 들면서부터였다.

그러던 어느 날 광고회사 AE모임에 참석했다가 외국계 광고대행사에 다니고 있는 선배를 만나게 되었다. 그 회사에서 담당하고 있는 클라이언트가 여성과 관련된 소비재에 집중되어 있다는 점이 지금 다니는 회사에 비해 굉장히 매력적으로 느껴졌다. 영어에 자신이 없는 김 대리는 공식적인 의사소통이 영어로 진행된다는 것에 부담감은 있지만, 새로운 회사에 도전해 보고 싶다는 생각을 떨쳐 버릴 수가 없다.

인생은 길다

막 대학을 졸업한 입사 지원자에게 10년 후 자신의 모습에 대한 질문을 하면 대부분 "무슨 일이든 열심히 해서 회사에 많은 기여를 하고 저 자신도 성공하는 사람이 되겠습니다"라고 대답한다. 처음 회사 생활을 시작하는 초년병들에게 가장 중요한 것은 무엇보다 '취직' 그 자체일 뿐, 미래의 커리어에 대한 생각을 할 겨를이 없다.

타 회사에서 수년 간 직장생활을 한 경력 직원의 면접에서 같은 질문을 던져보면 지원자의 80% 이상이 이 회사 혹은 다른 회사의 CEO가 되고 싶다고 말한다. 좀 더 자세한 질문이 이어지면 막연히 최고경영자가 되고 싶은 마음을 가지고 있을 뿐이지, 본인의 커리어에 대해 현실적이고 구체적인 생각이 부족하다는 것이 드러난다.

하지만 그런대로 성공적인 직장생활을 해 왔다고 생각하는 당신이라면 남들과 달라야 한다. 현재 당신의 장단점을 냉정하게 평가하고, 자신이 원하는 미래의 모습을 구체적으로 생각해 보자. 그리고 스스로 원하는 방향과 현실성을 함께 고려해서 세부 계획을 세우고 실행해야 한다. 이러한 적극적인 커리어 관리는 10년 후 당신의 모습을 좌우하게 될 것이다.

스스로를 분석하고 목표를 정하자

당신의 목표를 설정하기 위해서는 우선 현재 위치를 명확히 인식하고 있어야 한다. 그러한 의미에서 제2장의 전략적 사고 부분에서 소개했던 SWOT 분석표를 통해 당신 자신을 분석해 보자.

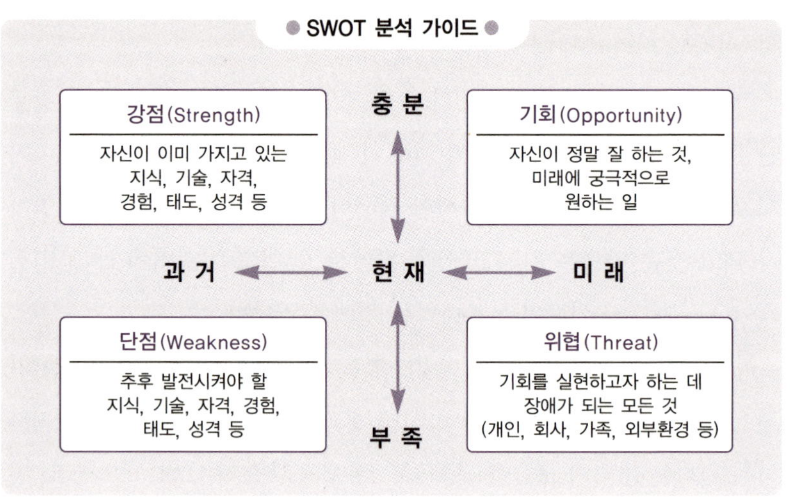

당신의 현재 모습을 파악한 후에 커리어 대안을 생각해 보고 목표를 두 개 정도 정한다. 커리어 목표는 당신의 능력과 원하는 바가 조화되는 것으로 골라야 한다. 다만 당신이 원하는 바가 확실하다면, 당신의 능력을 키울 수 있는 최소의 시간을 설정하고 노력해야 한다.

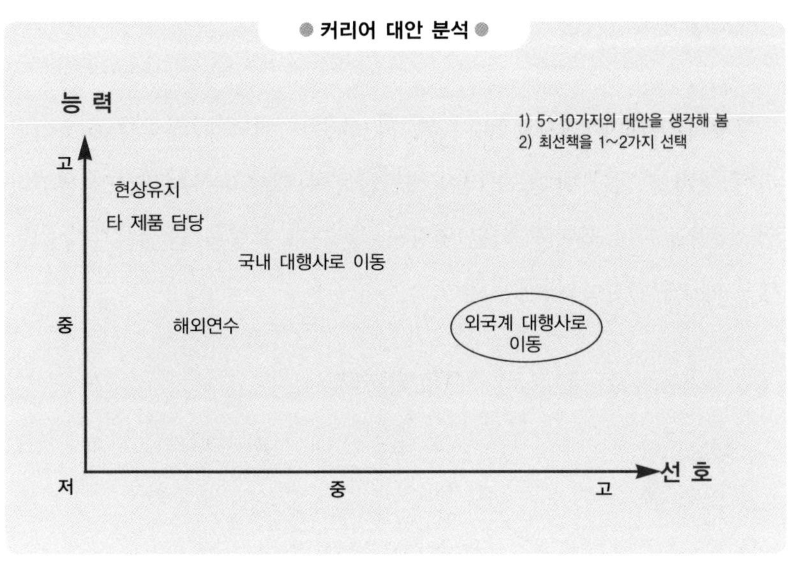

    김 대리는 일단 현재 회사에 계속 다니되, 2년 이내에 외국계 대행사로 옮기는 것을 목표로 잡았다. 국내 대행사로 이동하는 것도 생각해 보았지만, 외국 기업문화를 국내에서 경험할 수 있는 좋은 기회라는 것이 더 매력이 있다. 물론 지금 당장은 언어실력이 부족하지만, 동종업계에서 일한 경력을 고려해 보면 외국계 대행사로 옮기는 데 손색이 없을 거라는 판단도 들었다.

목표를 향해 가는 길

그렇다면 현재 회사생활은 충실히 하면서 외국계 대행사로 옮기기 위한 대비를 해야 한다. 커리어 대안을 분석해서 최우선책을 선택했다면, 대안을 현실화하기 위한 역량을 찾고 그 역량을 발전시키기 위한 세부 행동방안을 모색해야 한다.

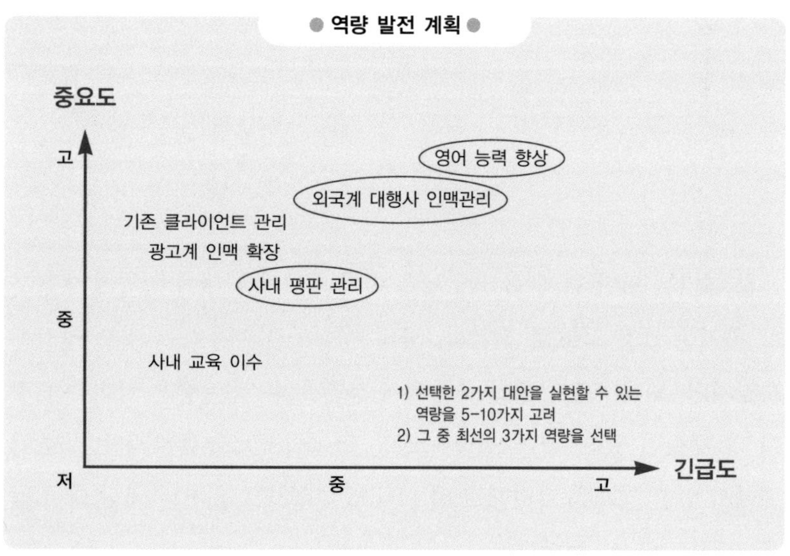

김 대리는 일단 가장 필요한 영어능력을 향상시키는 데 중점을 두고, 기존의 AE모임을 통해 외국계 대행사의 인맥을 지속적으로 관리하기로 했다. 그리고 현재 회사 업무는 최대한 욕심을 줄이되, 맡고 있는 업

무는 빈틈없이 해야겠다고 생각하고 있다. 어차피 같은 업계로 이동하고자 하므로 평판 관리를 소홀히 해서는 안 되기 때문이다. 그리고 각각의 역량을 키우기 위한 구체적인 행동방안을 설정했다.

행동사항	기 한	방 법	필요한 도움
영어능력 향상	1년~1년 반	저녁시간 영어회화 수강	학원 찾기
외국계 대행사 인맥관리	지속적으로	1. 기존 AE모임 참석	일정 이메일링 요청
	2년	2. 외국계 대행사 다니는 선배와 6개월에 1회 이상 모임과 별도로 만나기	선배와 관련된 경조사 정보
	수시	3. 사내에서 외국계로 이직한 선배 찾기	사내 정보
사내 평판 관리	이직 전까지	1. 업무에 소홀함 없이 열심히!	
		2. 사내 행사 집행부는 사양해도, 참석은 빠짐없이 하기	사내 행사 스케줄

김 대리는 일단 비즈니스 영어회화반이 있는 영어학원에 등록했다. 자신이 담당하고 있는 클라이언트가 술을 좋아하지 않아서 저녁시간이 다른 AE에 비해 여유로운 것이 다행이었다. 해외연수 경험도 없고, 국내기업에서 일하다 보니 영어를 사용할 일이 거의 없었던 탓에 영어에 대한 부담감이 컸지만, 수업을 통해 부딪치다 보니 생각보다 어렵지 않다는 생각이 들었다. 물론 회사 업무 때문에 수업에 빠지게 되는 경우도 종종 있었지만, 외국인과 대화하는 것에 대한 두려움이 사라진 것이 가장 큰 성과였다.

김 대리는 계획을 2년으로 잡았지만 생각보다 기회가 빨리 찾아왔다. 외국계 대행사에 근무하던 선배로부터 자리가 났는데 생각이 있느냐는 연락이 온 것이다. 결국 김 대리는 외국 임원진과의 면접도 무사히 마치고 새로운 회사에 출근하게 되었다. 만일 그녀가 주어진 상황에 안주하고 있었다면 이러한 결과는 오지 않았을 것이다.

새로운 도전에 대한 두려움과 현재 상황의 안정성은 당신의 발걸음을 주춤거리게 하기 쉽다. 하지만 당신에게 목표가 있고, 그에 따른 계획이 있다면 상황은 충분히 달라질 수 있다. 지금의 당신은 어떠한가?

커리어 목표 및 자기계발 팁

- 다른 사람이 바라는 모습이 아닌, 당신이 원하는 모습을 목표로 삼아야 한다. 다른 사람이 당신에게 간섭을 할 수는 있지만, 삶을 대신 살아 주진 않는다.
- 매일 5분간 당신의 목표를 이루는 것을 구체적으로 상상해 본다.
- 함께 일하는 사람들에게서 배울 점을 찾는다.
- 조금씩이라도 매일 꾸준히 하는 것이, 한 번에 몰아서 하는 것보다 낫다.
- 부정적인 평가에서도 배울 점이 있다. 감정적으로 받아들이지 말고 보다 나은 방향으로 발전하기 위한 조언으로 삼자.
- 안정적인 상태에 만족하지 마라.
- 업무적이나 개인적으로 배우고 싶은 것을 생각해 보고 정리해 두라.
- 실패는 성공의 어머니라고 했다. 좌절하기는 이르다.
- 배움에는 끝이 없다. 겸손한 마음으로 새로운 생각을 받아들여라.

One Point Lesson

**당신의 커리어는 목표에 따라 끊임없는
자기계발 노력이 더해질 때 비로소 꽃필 수 있다.**

회사 내부의 커리어 기회

여름방학 단기 인턴 프로그램을 운영하면서 장종인 팀장 밑으로도 3명의 인턴사원이 들어왔다. 그 중 유독 한 명이 눈에 띄었는데, 그녀는 일손이 부족할 때는 야근까지 마다하지 않았다. 다른 팀원들도 열심히 일하는 그녀에 대해 칭찬이 자자했다.

인턴 기간이 끝나갈 무렵, 팀원들은 장 팀장에게 그녀를 정식 직원으로 채용하자는 건의를 해 왔다. 당장 사람이 필요하지만 그녀가 입사할 때까지 일을 분담하겠다고까지 했다. 팀원들의 적극적인 지지에 장 팀장은 그녀에게 졸업 후 정식으로 입사할 의사가 있는지 물었다. 그녀는 기뻐하면서 수업이 없는 날은 출근해서 일을 배우겠다고 했다.

6개월 후 그녀는 결국 정사원으로 입사했다. 입사 후에도 모든 일을 항상 적극적으로 한다는 소문이 퍼져 다른 팀에서도 주목할 정도였다. 심지어 매년 열리는 회사 행사에서는 맡은 일을 잘 해내어, 행사 후 한 임원이 그녀를 며느리 삼고 싶다고 말했다는 후일담이 있었다. 장 팀장은 내심 그녀를 후계자로 생각하며 일을 가르치고 있다.

매사를 열심히 하는 사람이 기회를 잡는다

회사생활을 하다 보면 여러 기회가 온다. 하지만 아무나 기회를 잡는 것은 아니다. 이 케이스처럼 작은 일에도 최선을 다하는 사람이 기회를 잡을 수 있다.

당신은 커리어에 대한 목표가 분명하고, 그에 맞는 노력을 할 만한 가치가 있는 회사에 다니고 있다고 생각하는가? 그렇다면 항상 준비된 자세로 기회를 포착하자. 자기주장성을 바탕으로 당신의 유능함과 재능을 선보일 수 있는 기회를 끊임없이 찾아야 한다. 사소해 보이는 일이 큰 결과를 가져오는 경우도 있다. 기회의 크고 작음에 연연하지 말자.

그러기 위해서는 일단 업무를 대하는 자세를 변화시키는 것이 좋다. 사실 많은 사람들이 자신이 맡은 일 외의 일을 하는 것을 좋아하지 않는다. 하지만 다른 사람들과 똑같이 일해서는 리더가 될 수 없다. 추가업무라고 불평할 것이 아니라, 능력을 보일 수 있는 기회라고 생각하자.

지금 당장은 자신에게 도움이 되지 않는 것처럼 보이고, 또 시간을 들여야 할 경우도 있지만, 폭넓은 업무 경험은 결국 당신 안에 축적된다. 안정적인 부서라고 붙박이로 있으려 드는 것도 금물이다. 부서 이동 등에 몸을 사리지 말고 여러 분야를 섭렵하다 보면 접할 수 있는 기회의 폭이 더욱 넓어진다.

연예계에는 유명 연예인의 스케줄 펑크로 대타 출연의 기회를 잡은 사람이 스타로 성공하는 경우가 많다. 조직 내에서도 마찬가지다. 당신

에게 다른 업무를 맡을 기회가 왔을 때 "준비가 안 되어 있습니다"라고
말하는 것은 눈앞의 기회를 차버리는 것이며, 실패로 가는 지름길이다.

사람들은 대타에게 많은 기대를 하지 않는다. 부담감을 버리고 준비
가 덜 되었어도 일단 부딪쳐 보자. 그 과정에서 분명히 배우는 것이 있
다. 그뿐만이 아니다. 당신을 지켜보고 있는 눈이 있다. 그리고 그 눈은
완벽함을 보는 것이 아니라, 상황에 대응하는 모습을 통해 당신의 잠재
능력을 보는 것이다.

기회는 지금 바로 당신 옆에 있다

당신이 잡을 수 있는 기회는 단순히 업무에 한정되어 있지 않다. 상
사들은 업무나 회사의 큰 행사뿐만 아니라, 심지어 회식 자리에서도 솔
선수범하고 적극적으로 행동하는 사람을 유능하게 본다. 사무실에서는
말할 것도 없고 프레젠테이션, 회사 운동회, 워크숍 등 당신의 능력을
드러낼 수 있는 수많은 무대가 있다.

기업 입장에서는 한 가지 무대에서만 잘하는 사람보다 여러 무대를
누빌 수 있는 전천후 스타일을 원한다. 그리고 무대에서 주변 사람을
끌어들이는 흡입력 있는 사람에게 점수를 줄 수밖에 없다. 스스로를 내
보일 수 있는 기회를 놓치지 말자. 성격이 내성적이라며 다른 사람들
뒤에 숨어 있으면서, 왜 업무만으로 평가하지 않느냐고 불평해 봐야 아

무 소용 없다. 기업이 원하는 인재상에 당신을 맞춰야 한다.

하지만 많은 여성들의 취약한 부분이 바로 여기에 있다. 이러한 기업문화를 부정적으로 본다는 것이다. 업무에 있어서는 완벽할지 모르나, 개인의 자유가 다소 침해될 수도 있는 조직 행사 등을 무의미하게 생각하고 참여를 꺼리는 경우가 많다. 사실 과거 기업문화가 보수적이고, 조직에 충성하는 상명하복에 충실했던 것도 사실이다. 하지만 조직문화에도 많은 변화가 일어나고 있는 상황에서 옛날 이야기만 되풀이해서는 안 된다.

조직에 속해 있으면서 조직생활을 하지 않겠다고 하는 것은 모순이다. 또한 자신의 개인적 성향만을 중시하는 사람이 팀원을 한 곳으로 잘 이끌 수 있을지 의문이다. 자신의 성격상 이러한 조직문화에 도저히 적응하지 못할 것 같다면, 커리어 목표를 수정해서 경력관리를 달리 하는 수밖에 없다. 그런 사람에게는 리더를 목표로 한 수직적 경력관리보다는 전문가로 오래 남기 위한 수평적 경력관리를 권하고 싶다.

회사 내부 커리어 기회를 쌓는 팁

- 평소에 업무에 대한 열정을 보여야 한다. 업무에 전념하는 모습은 벼락치기로 되는 것이 아니다.
- 당신에게 주어진 업무 이외의 일을 할 수 있는 기회를 찾아보고, 자원하라.
- 회사 돈이나 자원을 내 것처럼 아껴라. 회사 비품을 낭비하는 사람은 회사를 위하는 사람으로 보이지 않는다.
- 해야 할 일이 눈에 띄면 시키기 전에 일하라. 무능한 사람은 "공식적인 허락이 없으니 그 일을 할 수 없어"라고 하지만, 훌륭한 리더는 "공식적으로 하지 말라는 지시가 없었으니 그 일을 할 수 있어"라고 한다. 이것이 관점의 차이이다.
- 시작한 일은 끝을 맺어라.

One Point Lesson

매순간이 당신이 서 있는 무대이다. 열정을 가지고 임하라.

회사 외부의 커리어 기회

탁지현 선임은 한 회계법인에서 컨설팅 업무를 하고 있다. 회사의 급여나 처우는 만족스럽지만, 보수적인 회사 분위기로 보아 승진에 한계가 있을 것 같아 회사를 옮길까 심각하게 고려하고 있다. 하지만 매일 바쁘게 지내다 보니 다른 회사에 지원서를 내고 면접을 보는 일이 여의치 않았다.

그러던 어느 날, 탁 선임이 일전에 컨설팅을 맡았던 다국적 기업의 재무부에서 사람을 구한다며 이직 의사를 묻는 연락이 왔다. 그간 쌓은 경력이라면 재무부에 적합할 것이고, 여성에게도 폭넓은 기회가 주어진다는 점에서 그녀가 원하는 조건을 두루 갖춘 회사였다.

탁 선임은 그 기업의 컨설팅을 맡은 것이 이런 결과를 불러왔다는 점에서 큰 행운이라고 생각했다. 새로운 곳에서 다양한 업무를 통해 성장하는 자신의 모습을 상상하면서, 더욱 역량을 키운다면 기업의 최고경영자 위치에도 도전해 볼 수 있겠다는 생각에 흥분을 감추지 못했다.

회사 외부 커리어 기회 잡기

회사 외부의 커리어 기회는 주로 두 가지 경로를 통해서 접하게 된다. 하나는 자신의 경력을 바탕으로 직접 다른 회사를 찾아서 지원하거나, 능력 있는 헤드헌팅 업체를 통하기도 한다. 이 방법은 자신이 원하는 조건에 맞는 회사에 지원할 수 있다는 점에서 만족도가 높지만, 원하는 회사에 대한 정보를 파악하고, 구인 동향을 자주 체크하는 노력을 기울여야 좋은 결과를 얻을 수 있다.

다른 하나는 바로 이직 기회가 당신을 찾아오도록 하는 것이다. 즉 다른 업체로부터 스카우트 제의를 받는 것을 말한다. 이러한 기회를 만들기 위한 노력이 따로 있다기보다는 적극적인 자세로 일하다 보면 회사 내부에서 기회를 얻을 수 있듯이 외부에서도 기회가 생기는 것이다.

당신과 함께 업무를 진행한 적이 있는 외부 고객이 본인의 회사에서 사람을 구할 때, 공고를 내기 전에 이직 의사를 타진하는 경우가 있다. 기업 입장에서도 업무를 통해 역량이 검증된 사람을 뽑는 것이 효율적이므로 실제로 많은 경력자들의 이직이 이와 같은 방식으로 이루어지고 있다.

예를 들어 광고대행사에 근무하는 AE가 클라이언트로부터 이직 제의를 받고 회사를 옮기는 경우를 들 수 있다. 또한 회사에서 함께 일했던 사람이 다른 회사로 옮긴 후에 당신을 그 회사로 부르는 경우도 있다. 이는 내부 커리어 기회가 외부 커리어 기회로 연결되는 것이라 볼 수 있다.

외부 커리어 기회를 만들기 위해서는 다른 업체나 협력사를 대할 때, 상대방에 대한 배려를 소홀히 해서는 안 된다. 흔히 '갑'이라는 이유로 '을'인 회사의 직원을 하대하는 경우가 있는데, 이는 시야가 좁은 사람이 자주 저지르는 실수이다.

또한 직위가 올라가면 올라갈수록, 당신이 몸담고 있는 세계는 점차 좁아지고 사람들에 대한 정보가 이리저리 흘러다니게 마련이다. 하나를 보면 열을 안다고, 상황에 따라 사람 대하는 태도가 달라지는 사람은 쉽게 믿을 수 없는 것이다. 사람들과 언제 어디서 어떤 모습으로 만나게 될지 모른다는 사실을 명심하고, 항상 바른 태도로 대해야 한다.

이력서는 항상 업데이트 되어야 한다

결국 회사 내·외부 커리어 기회는 당신이 얼마나 성의를 가지고 사람을 대하고, 회사 생활에 임하는가에 달려 있다. 그리고 그 속에서 당신의 존재감을 알리고 좋은 이미지를 형성하는 것이 중요하다. 이러한 노력은 당신에게 새로운 기회를 만들어 주는 발판이 된다.

하지만 한 가지 더 기억해야 할 것이 있다. 당신이 수행한 업무에 대한 지속적인 기록이 필요하다는 점이다. 인간의 기억력에는 한계가 있기 때문에 맡은 업무를 모두 잘 처리하고 난 뒤 시간이 흐르면, '내가 뭘 했더라?' 하고 당황하게 된다. "당신은 어떤 업무를 수행했는가?"라는 질문에 프로젝트 이름만 줄줄이 나열하는 것보다는, 강조할 만한 업무를 어떻게 처리했는지 구체적으로 설명하는 것이 깊은 인상을 준다.

수행 업무에 대한 기록은 기간과 관계 업체, 과정, 결과를 포함해야 하며, 그 속에서 특히 당신이 목표한 바를 이루기 위해 무엇을 했고 그에 따른 성과가 어떠했는지 빠짐없이 적어야 한다. 또한 단순히 '프로젝트가 성공적으로 마무리되었다' 는 일률적인 결과보다는, 회사 전체에 어떤 영향을 미쳤는지에 대해 명확히 써두는 것이 도움이 된다.

시간이 지나도 업데이트 되지 않는 이력서는 당신이 그간 아무 일도 하지 않았다는 것을 의미할 뿐이다. 기회는 당신을 기다려 주지 않는다. 그 동안 밀린 이력서를 한꺼번에 업데이트하느라 기회를 놓칠 수는 없지 않을까?

외부 커리어 기회를 찾는 팁

- 외부 기회를 잡기 위해서는 역설적으로 지금 속한 조직에서 최선을 다해야 한다. 외부 사람을 영입할 때, 이전 회사에서의 평판을 알아보는 것은 기본이다.

- 다른 사람을 대하는 당신의 태도를 점검하라. 필요에 따라, 혹은 직위에 따라 사람을 달리 대하고 있다면 기회를 발로 차내고 있는 것과 같다.

- 수행한 업무가 완결되면 기승전결로 정리하고, 이력서를 업데이트하라.

- 당신이 가진 전문성과 관련된 온라인 커뮤니티에 적극적으로 참여하라.

- 유능한 헤드헌팅 회사를 찾되, 길에서 유인물을 뿌리듯 회사마다 이력서를 남발하지 마라. 헤드헌팅 회사를 지원 회사처럼 여기고 진지하게 접근하는 것이 좋다.

- 구인공고가 나기 전에 원하는 회사 인사부에 이력서를 넣어 둔다.

One Point Lesson

내부에서 지금 당신이 만드는 실적이 당신의 이력서를 만든다.

자신의 미래 가치를 업그레이드하라

국내 굴지의 글로벌 기업 L사의 김인나 과장은 봄비가 내리는 금요일 오후 외근을 일찍 끝내고 교외로 나왔다. 오랜만에 호젓한 길을 달리고 있으니 지난 몇 년 동안 자신을 괴롭히던 상념들이 또렷하게 다가왔다.

8년 전 L사에 공채 입사하여 마케팅부서에서 처음 일을 시작했을 때 세상을 다 얻은 듯했다. 마켓과 고객 리서치, 분석, 마케팅 제안 등 일을 배우면서 익숙해지는 데에는 시간이 얼마 걸리지 않았고, 좋은 평가를 받아 입사 동료들보다 먼저 대리가 되었다. 그 후 신상품 개발부서로 업무 영역을 넓혀 옮겨 온 후에도 마켓과 고객에 대한 지식과 센스, 타고난 창의력을 발휘하여 신상품 개발과 런칭에 크게 기여하면서 계속 좋은 평가를 받아 과장 승진 역시 동료들보다 앞섰다.

그런데 과장 4년차인 지금, 신상품에 대한 아이디어도 더 이상 나오지 않고 오히려 후배들의 반짝이는 아이디어와 엄청난 끼와 열정에 주눅이 들 정도이다. 몇 달 뒤에 있을 차장 승진 대상에도 들어갈 수 있을지, 자신이 없다. 설령 차장 승진이 되어 파트장이 되어도 부하직원들을 리드하며 신상품 개발을 주도할 수 있을지 자신의 업무 역량과 리더십을 생각하면 식은땀이 날 지경이다.

그 동안 정말 열심히 일하며 현장 경험을 많이 쌓았으나 그 이상을 뛰어넘는 새로운 지식과 통찰력, 혁신과 전략적 접근 등에 대해서는 시작도 못해 보았다는 생각에 우울할 뿐이다. 지금의 부서장에게서 그런 부분을 배울 수 있다는 생각은 들지 않는다. 다른 부서로 옮겨야 하나? 아니면 다른 회사? 하지만 현장 경험만 쌓았을 뿐인 과장 말년차를 받아 줄 곳이 있을까? 차라리 결혼이라도 해서 아이가 있다면 양육을 핑계로 쉬면서 재충전이라도 할 수 있을 텐데….

기업의 마케팅 최고책임자가 되고 싶다는 꿈도 이제는 아득한 옛일처럼 생각이 든다. 최선을 다해 열심히 일했다고 자부해 오던 김 과장이 왜 이렇게 비틀거리는 걸까?

고민의 시기가 새로운 기회의 시기이다

김인나 과장이 겪고 있는 고민은 특별한 것이 아니다. 커리어를 시작한 지 5년 이상 지나면 대부분 비슷한 고민을 한다. 늘 성과가 좋고 승진이 빨랐던 김인나 과장은 오히려 고민을 늦게 시작한 편이다.

그런데 고민의 시기가 문제가 아니라, 나에게 확고한 최종 커리어 목표가 있는지가 더 문제인 경우가 많다.

김인나 과장의 커리어 목표는 마케팅 최고책임자가 되는 것이다. 하지만 그녀는 지금 고민의 한가운데에서 과연 그렇게 될 수 있을지 반문하고 있다.

이 시점에서 가장 중요한 것은, 10년 후에 반드시 마케팅 최고책임자가 되겠다는 커리어 목표에 대한 재점검이다. 업무에 대한 적성과 능력, 잠재력, 일에 대한 열정, 주변의 평가 등을 고려하여 나의 커리어 목표는 아직도 마케팅 최고책임자인가, 아니면 회사 최고책임자인가, 아니면 분야를 바꾸어 새로 시작할 것인가, 아니면 포기?

커리어의 중간 단계에서 고민이 시작되면 아예 깊고 폭넓게 즐기면서 하는 것이 좋다. 고민하는 것을 고민하는 것이 아니라, 나의 커리어 항로를 재정렬 혹은 변경하여 정하는 그 과정을 미래지향적이고 신나는 마음으로 대하는 것이다. 같은 고민을 하며 성공적으로 커리어를 키운 선배들과 내가 원하는 커리어의 정점에 이미 가 있는 사람들의 조언과 지혜를 구하는 것이 큰 도움이 된다.

고민이 더 크고 고민을 더 많이 할수록, 다양한 사람들을 더 많이 만나고 정보를 더 많이 구할수록 더 많은 기회가 오는 것은 커리어 관리에서도 진리이다.

젊은 그대, 자신에게 투자하라

김인나 과장은 수소문 끝에 자신보다 7년 선배인 이국 상무가 대기업 마케팅 최고책임자로 있다는 것을 알게 되었다. 용기를 내어 그 선배를 만났다.

이국 상무는 김인나 과장과 비슷한 고민을 좀더 빨리 했다. 이 상무는 마케팅 부서에서 5년 정도 일하고 나니 마케팅에 대해 전문적이고 체계적인 실력을 쌓아야겠다는 싶은 생각이 간절해졌다. 좋은 평가를 받고 있던 터라 실무 경력을 더 쌓고 싶기도 했으나 MBA가 되기로 결심했다. 그리고 그 동안 모아 놓은 돈을 다 써야 할 만큼 세계 최고의 비즈니스 스쿨을 택했다. 2년 간 MBA 과정을 통하여 이국 상무는 마케팅은 물론 경영 전반에 대한 지식을 얻었다는 자신감이 생겼다. 다양한 나라에서 온 학생들과의 네트워크, 국제감각, 영어실력 향상 등은 MBA 과정에서 얻은 소중한 덤이었다.

MBA를 마치고 이국 상무는 글로벌 컨설팅회사에 프로젝트 매니저로 특채되었다. 처음 회사에 그대로 있었다면 꿈도 꿀 수 없는 기회를 잡은 것이다. 컨설팅회사에서의 경험은 다양성과 도전 그 자체였다. 다양한 산업군과 기업의 프로젝트를 수행하며 쌓은 지식과 인맥, 회사 전체를 볼 수 있는 관점과 통찰력, 컨설팅회사 자체의 전문 교육 프로그램들은 이국 상무의 개인적 발전을 가속화시키고, 현재 근무중인 회사의 마케팅 전략부서장으로 초빙되었다. 탄탄한 실력과 성과로 이국 상무는 곧 그 회사 마케팅 최고책임자로 승진하여 최연소 임원 자리에 올랐다.

자신의 미래 가치를 만들기 위하여 과감히 MBA에 도전하고 투자한 선배의 경험담을 듣고 고무된 김인나 과장은 마음이 한결 가벼워졌다.

늦었다고 생각할 때가 가장 빠른 때라고 한다. 지금이라도 MBA를 할 수 있겠다는 가능성이 느껴지자 새로운 열정이 솟아났다. 자신의 꿈인 한 기업의 마케팅 최고책임자 자리와 벌써 가까워지는 느낌마저 들었다.

김인나 과장의 선배는 세계 최고의 비즈니스 스쿨을 선택했지만, MBA 과정은 국내에서도 매우 다양하다. 온라인 과정, 기타 단기 과정, 특정 주제에 대한 지식 포럼, 커뮤니티 활동 등 새로운 지식과 실력을 업그레이드할 수 있는 솔루션은 무궁무진하다. 눈을 크게 뜨고 귀를 열고 나에게 맞는 지식 재투자의 길을 과감하게 찾아보라.

자신의 미래 가치 업그레이드하기 팁

- 당신이 하고 있는 일에 익숙해질 때가 새로운 지식을 얻기 위해 출발할 때다.
- 새로운 트렌드와 패턴이 오는 곳은 어디인지 눈과 귀를 열어 두라.
- 실력을 업그레이드할 수 있는 방법이 보이면 머뭇거리지 말고 과감하게 몸을 던져라.
- 그러나 맹목적으로 던지지는 마라. 목표가 분명해야 한다.
- 지식 투자에는 결코 리스크가 없다.

One Point Lesson

지식에는 유효기간이 없다. 끊임없이 업그레이드하라.

상사와 함께 사는 법

소비재 판매회사 영업부 차장인 하주연 씨는 일요일 저녁만 되면 편두통에 시달린다. 다음날 출근해서 김 부장 얼굴을 볼 생각을 하면 머리가 아파오기 때문이다. 위에서 업무 지시가 내려와도 모든 일을 하 차장에게 맡기고 손님을 만나러 간다며 나가버리고, 보고서를 올려도 전체 맥락은 파악하지 못하면서 글씨가 이상하다거나 표 색깔을 바꾸라면서 일을 여러 번 다시하게 만든다. 하지만 남들 앞에 서는 것을 좋아해 프레젠테이션은 도맡아 하는데, 철저한 이해 없이 나서는 바람에 임원진의 질문에 동문서답하기 일쑤이다. 그런 날은 하 차장이 일을 제대로 못해 망신을 당했다며 화풀이가 이어진다. 하 차장은 무능력한 상사와 일하는 것이 너무 힘들다.

그럼에도 김 부장은 업무에는 신경을 쓰지 않고 술자리나 골프 접대로 얻은 정보를 가지고 자신의 이권을 챙기는 데에만 관심을 쏟는다. 하 차장은 정확한 지시를 받지도 못한 채 일을 하면서, 공功은 김 부장이 차지하고 과過는 자신이 책임을 져야 하는 상황을 더 이상 견디지 못할 것 같다.

이런 사람, 어느 조직에나 있다!

안타깝지만 어느 조직에나 무능한 사람이 있다. 그리고 상사가 무능한 경우도 찾아보기 어렵지 않다. 실력은 뛰어나지만 성질이 괴팍한 상사 밑에서 고생하던 문 대리는 부드럽기로 소문난 상사가 있는 곳으로 부서 이동이 된다며 좋아했다.

몇 달 후 만난 그녀는 둘 중의 하나를 선택하라면 전에 있던 상사에게 돌아가고 싶다고 했다. 말이 좋아 부드럽지 실상은 능력이 없는 상사라는 것이다. 도움을 받을 수 있는 사람 없이 혼자 업무를 배우는 것도 힘든데, 엉뚱한 지시 때문에 속 터지는 일이 한두 번이 아니다.

하지만 선택권이 없는 상황에서 무능한 상사를 만났을 때 당신이 할 수 있는 일은 상사의 무능력함을 마음속으로 인정하는 것이다. 당신이 아무리 답답하고 화가 나도 상사가 극적으로 변화되는 일은 없다. 상사를 있는 그대로 보아 주면 당신의 마음이 다스려질 것이다. 상사가 무능하다는 것은 두 가지 의미이다. 하나는 당신에게 일이 많아진다는 것이고, 다른 하나는 일을 많이 배울 수 있다는 것이다. 피할 수 없다면, 받아들여라.

다음으로 상사의 스타일과 능력의 정도를 정확히 파악해야만 한다. 무능한 상사는 기껏 해 놓고 보면 쓸데없는 일을 시키는 경우가 많다. 불필요한 일을 열심히 하는 것은 당신의 시간과 능력을 낭비하는 것이다. 이런저런 방법을 써 봐도 도저히 견디기가 힘들다는 생각이 들면,

일단 회사 내에서 다른 부서로 옮길 수 있는 기회를 적극적으로 찾는 것이 필요하다. 어차피 리더가 되기 위해서는 다양한 경험이 필요하다. 비록 지금이 당신이 원하는 타이밍이 아니라고 해도 결과적으로 경험을 풍부하게 하는 결과를 가져올 것이다.

무능한 상사, 무력한 회사

무능한 상사가 있다는 이유만으로 회사를 옮기는 것은 성급한 일이다. 무능한 사람은 어느 조직에 가더라도 만날 수 있기 때문에, 그런 사람과 함께 일을 하면서 어떻게 대처해야 할지를 배우는 것은 당신에게 소중한 경험이 될 것이다.

그리고 회사 내에서 당신이 할 수 있는 것은 모두 해 본 이후에 결정해도 늦지 않는다. 특히 당신이 몸담고 있는 회사가 합리적인 조직이라면 무능한 상사는 결국 도태된다. 지금 당장은 괴롭겠지만 멀리 보았을 때 조직의 미래가 밝다면 인내심을 가지고 버틸 수밖에 없다.

하지만 때로는 과감한 결단이 필요할 때가 있다. 바로 무능한 상사는 빙산의 일각일 뿐이고, 회사가 전반적으로 침체되어 더 이상 발전이 없다고 느껴질 때다. 군인으로 성공하고자 하는 사람이라면 전쟁터에 참여하는 것이 가장 좋은 방법이듯, 비전이 없는 회사보다는 새로운 회사에서 자신을 확장시키는 기회를 찾는 것이 낫다.

능력은 결국 업무를 통해 향상된다. 업무가 제대로 돌아가지 않는 회사에서 더 배울 것은 없다. 세상은 넓고 기회는 많다. 제때 기회를 찾지 않는 사람은 애벌레에서 벗어나 나비가 되어 날아가는 찰나의 순간을 맛볼 수 없다.

상사와의 관계를 위한 팁

- 상사가 바뀌는 것을 기대하지 마라.

- 회사 사람들과 상사에 대한 험담을 나누지 말자. 다른 사람의 이야기는 쏙 빠지고 당신이 한 이야기만 상사의 귀에 들어갈 수도 있다.

- 아무리 무능한 상사라 해도 위계마저 무시해서는 안 된다. 호칭과 경어 사용에 유의하라.

- 무능하다는 이유로 상사를 무시해서는 안 된다. 하지만 공들여 의견을 나누려고 하지도 마라. 시간 낭비인 경우가 태반이다.

One Point Lesson

무능한 상사 때문에 훌륭한 회사를 떠나는 실수를 범하지 마라.

생존의 기본, 네트워킹

장미숙 부장은 유독 자신과 잘 맞지 않는 박 이사 때문에 고민이 많다. 서로 직급이 있기 때문에 대놓고 불편해하지는 않지만, 종종 장 부장을 비꼬는 듯한 발언을 할 때마다 감정이 상한다. 물론 장 부장도 경험이 풍부하고 녹녹한 성격은 아니라 박 이사가 함부로 대하지는 않지만, 서로 미묘한 신경전을 벌이며 지내는 것도 여간 피곤한 일이 아니다. 직속 상관은 아니라도 얼굴을 안 볼 수도 없고, 또 일도 잘 하고 협상력도 좋아 사내에서 영향력이 있기에 무시할 수만도 없는 상황이다.

장 부장은 문득 자신이 먼저 나서서 박 이사와의 무의미한 소모전의 고리를 끊어야겠다는 생각이 들었다. 굳이 부하직원이기 때문이 아니라 껄끄러운 마음을 가지고 직장생활을 하는 것이 결과적으로 자신에게 도움이 되지 않는다는 판단이 섰기 때문이다.

장 부장은 박 이사가 출장을 다녀온 후에 여러 부장을 불러 차를 나누어 주던 것을 기억하고 그 점을 공략하기로 했다. 마침 박 이사가 출장을 마치고 출근했다는 소식을 듣고 이사실로 찾아갔다. 밑도 끝도 없이 차를 마시러 왔다는 말에 "해가 서쪽에서 떴나?"라는 박 이사의 가시 박힌 환대를 받았지만 꿋꿋이 차를 마시고 나왔다.

장 부장은 그 후에도 간간이 박 이사실에 가서 차를 마시며 이런저런 이야기를 나눴다. 처음에는 박 이사가 경계하는 기색이 역력하여 서먹했지만, 시간이 지나면서 예전보다는 훨씬 부드러운 관계가 되었다. 물론 갑자기 박 이사가 장 부장의 칭찬을 하고 다니거나 할 정도로 급격한 관계 호전이 이루어진 것은 아니지만, 적어도 마음에서 묵은 감정을 없애고 나니 훨씬 홀가분하다.

네트워킹 없이는 살아남을 수 없다

인맥의 중요성은 누구나 알고 있다. 하지만 흔히 인맥이라고 하면 '낙하산 인사'를 떠올리며 부정적으로만 생각하는 경향이 있다. 특히 사회초년생의 경우 인맥이 아닌 실력으로 승부하겠다는 포부를 밝히기도 한다.

하지만 이것은 큰 오산이다. 인맥, 즉 네트워킹은 가장 변화무쌍한 변수인 '사람'과의 관계를 맺고 지속하는 것이기 때문에 끊임없는 노력이 필요하며, 적절한 수준으로 관리할 수 있는 능력이 없으면 감당하지 못한다.

조직 내 직원 사이의 네트워크를 알기 위해서는, 사람의 이름을 원 안에 넣고 서로의 관계를 화살표로 표시하는 방식으로 관계도를 그려 보는 것이 도움이 된다. 그림을 그리다 보면 유독 화살표를 많이 받는, 즉 폭넓은 관계를 맺고 있는 사람이 있을 것이다.

이런 사람은 크게 두 가지로 나뉘는데, 하나는 타고난 성격으로 마당발 역할을 하는 사람이고, 다른 하나는 일에 대해 전문성이 뛰어나서 주변에 도움을 주는 사람이다.

이러한 조직도를 바로 '소시오그램sociogram'이라고 하며, 인적자원을 관리하는 하나의 기법으로 쓰인다. 경영자들은 소시오그램을 통해 조직 내 네트워킹이 활발한 사람들을 파악하고, 이들을 적재적소에 배치해서 조직의 효율성을 최대한으로 높이려 한다. 결국 네트워킹이 활발한 사람이 조직에서 필요로 하는 인재가 되는 것이다.

특히 네트워킹의 중요성은 사내에서 뿐만 아니라 요즘같이 '평생직장'에서 '평생직업'으로 변하고 있는 상황에서 더욱 가중된다. 예전과 같이 퇴직할 때까지 한 회사에 머무르는 일은 거의 찾아볼 수가 없고, 이직이 보편화된 상황에서 외부의 유용한 정보를 주는 사람이 있는 경우와 없는 경우는 큰 차이를 보인다.

사실 외부 커리어 기회를 잡는 것은 네트워킹에 의해 좌우된다고 해도 과언이 아니다. 회사의 비전을 잘 이해하고 있는 사내 직원의 추천을 통해 필요한 경력자를 뽑는 것이 비용이나 시간이 절감되기 때문에, 여러 기업에서 이러한 방법을 사용하고 있다.

네트워킹을 위한 조언

조직 내 커뮤니케이션에서는 비공식적인 커뮤니케이션의 영향력이 공식적인 것에 비해 더 크다고 한다. 그렇기 때문에 사적인 대화는 업무에 도움이 되지 않는다며 배타적인 태도를 취하는 것은, 스스로를 정보로부터 소외시키는 것과 같다.

직장생활을 하다 보면 공식적으로 발표되지 않은 사항들이 사내에서 공공연히 돌아다니는 경우가 많다. 이러한 현실을 등한시하다 보면 결국 정보의 사각지대에 놓이게 되고, 정보의 부족은 의사결정, 판단, 해석 등에도 영향을 미쳐 결국 업무적으로도 큰 역량의 차이를 불러올 수 있다.

 네트워킹을 위해서는 상대방이 보내는 신호를 잘 포착하는 것이 중요하다. 여성들은 남성의 대화방식을 잘 이해하지 못하는 경우가 많아서, 종종 상황을 오해하기도 한다. 예를 들어 남자직원이 서로 과격하고 공격적인 대화를 하는 것을 불편해하는데, 그들에게는 그러한 방식이 친근감의 표시일 수도 있다. 업무적으로나 공식석상에서는 당연히 대화의 형식이 중요하지만, 비공식적인 대화일 때는 형식에 집착하지 말고 행간을 읽는 것이 필요하다.

 회사 내에서 비공식적인 정보를 얻는 창구로는 사내 동호회를 들 수 있다. 하지만 모든 동호회에 다 참여할 수는 없으므로 사내의 마당발이나 영향력 있는 사람이 있는 곳을 선택하는 것이 좋다. 또한 회사를 벗어나서 동종 업계의 사람과 모임을 갖거나 비슷한 관심사를 가진 사람들과 만나는 것도 필요하다. 동종 업계 모임에서는 업무적으로 정보교환을 할 수도 있고, 아이디어나 조언을 구하기가 쉽다. 또한 감정적으로 힘들 때 같은 처지의 사람들의 위로를 통해 심리적 안정을 얻을 수도 있다. 최근에는 인터넷이 발달하면서 이러한 모임을 만들고 유지하는 것이 예전에 비해 손쉬워졌으니 충분히 활용해 보자.

 마지막으로 사소하지만 네트워킹에 큰 도움을 주는 습관은 바로 명함을 체계적으로 정리하는 것이다. 명함을 받으면 그날 명함을 정리해야 한다. 사람들은 회사생활을 하면서 끊임없이 명함을 주고받는다. 하지만 정리되지 않은 명함 뭉텅이는 책상을 어지럽힐 뿐 아무 쓸모가 없다. 헤어지고 난 뒤 명함 뒤편에 인상착의나 그날 있었던 대화 내용 중 기억할 만한 것, 그리고 날짜를 적어 두자. 그 후 사무실에 도착해서 중요도에 따라 정리하면 된다. 엑셀이나 주소록, 명함정리 프로그램 등을 이용해서 데이터베이스 파일을 만들어 두면 검색이나 추가 정보 입력도 용이해진다. 그리고 통화를 하게 되거나 다시 만나는 자리가 있을 때 당신만의 인물 정보 파일을 확인하고 나가는 것은 필수이다.

네트워킹 잘 하기 위한 팁

- 당신이 인맥을 통해 필요로 하는 것과 다른 사람에게 제공할 수 있는 이점을 명확히 파악하고 있어야 한다.
- 자신의 인맥에 대한 그림을 그려보고 평가해 본다.
- 사내 행사 등 업무 외의 시간이 인맥을 형성하기에 매우 적합한 시간일 수 있다.
- '마당발'을 공략하라.
- 사람에 따라 다른 접근 방법이 필요하다.
- 지나치게 '필요'에만 집중된 인맥 관리는 사람에게 불쾌감을 준다. 인간적인 관심을 통해 관계를 공고히 하는 것이 중요하다.
- 인맥 관리에는 끊임없는 노력이 필요하다. 설이나 추석, 생일, 승진 등 주요 이벤트는 기본적으로 챙기고, 6개월에 한 번은 안부전화를 하자.
- 립서비스보다 행동으로 보여 주는 것이 필요하다. 말로 백 번 도와 주는 것보다 야근할 때 한 번 야식을 사다 주는 것이 낫다.

One Point Lesson

'평생직업'의 시대를 살아가는 당신에게 네트워킹은 필수이다.

당신만의 리더십

여기에 나온 케이스와 코칭이 모든 상황에 적용될 수 있는 것은 아니다. 당신이 몸담고 있는 회사와 사내 분위기, 직장상사 그리고 당신에 이르기까지 고려해야 하는 변수가 너무나 다양하기 때문이다. 하지만 기본적인 포인트를 명심하고 스스로에게 맞는 방식을 만들어 가는 것이 중요하다.

이 책에 나와 있는 내용을 머릿속에 집어넣는 것만을 목적으로 해서는 안 된다. 일하고 있는 현장에서 부딪치는 상황에 직접 적용해 보고 좋은 결과가 나왔을 때에는 그 방식을 더욱 강화하고, 효과가 없을 경우에는 과감히 수정해 나가면서 당신만의 리더십으로 체화體化하는 것을 목표로 해야 한다.

물론 처음에는 분명 서툴고 시행착오가 생길 수도 있다. 요리를 처음 했을 때를 생각해 보자. 각종 레시피를 조리대 위에 올려 둔 채 양념 하나를 넣는 것도 다시 확인해 가면서 요리를 하던 당신이 여러 번의 연습을 통해 레시피를 보지 않고도 요리를 할 수 있게 된다. 나중에는 입맛에 따라 더 넣거나 빼는 재료가 생기게 되면서 비로소 당신만의 요리가 탄생하는 것이다.

마지막으로 리더십을 완성하기 위해 기억해야 할 것이 있다. 그것은 바로 당신의 열정과 진심이다. 열정은 힘든 상황에서도 스스로를 이끄는 원동력이 되고, 진심은 주위 사람들을 당신에게 이끄는 자석이 된다. 직위가 높아질수록 빠지기 쉬운 자만심을 주의하고, 항상 감사하는 자세로 사람들을 대하자. 진심은 언제나 통하기 마련이다. 때로는 수백 가지의 리더십 스킬보다 더 큰 힘을 발휘하기도 하는 것이 진심이다.

험난한 리더의 길

사실 리더의 길은 쉽지 않다. 그저 권력을 행사할 수 있는 자리에 올라가는 것이라고 생각해서는 안 된다. 때로는 수도승처럼 스스로의 욕구를 절제해야 하고, 남들보다 한발 앞서 행동하기 위해 끊임없이 노력해야 한다. 또한 자신만 잘 한다고 훌륭한 리더가 되는 것도 아니다. 조직에 최대한으로 기여하도록 부하직원의 행동을 이끌어 내면서, 필요할 때는 엄격하게 평가해야 한다.

그리고 개개인을 하나의 팀으로 뭉쳐서 한 곳을 향해 가도록 만드는 것이 바로 리더이다. 그런 면에서 리더는 줄을 타는 광대와 비슷하다.

줄 위에 서 있는 당신은 때로는 주변에 아무도 없는 것과 같이 외롭고, 줄의 끝까지 가는 길도 험난하기만 하다.

그렇다면 왜 많은 여성들이 이렇게 어려운 리더의 길을 거쳐 간 것일까?

어떤 이는 리더가 되는 것은 높은 산을 오르는 일과 비슷하다고 말한다. 깎아지른 듯한 경사면을 기다시피 올라가다 보면 숨이 턱까지 차오르고 땀이 비 오듯 쏟아진다. '내가 왜 이런 고생을 하고 있나?' 하는 회의감마저 드는 순간도 분명히 있다.

하지만 간간히 산길 중간에 펼쳐진 평지에 앉아 잠시 숨을 돌릴 때, 자기도 모르게 감탄사가 나오는 경치를 접하는 경험을 하면서 산을 오르는 즐거움을 알게 된다. 또한 정상을 향한 길이 올라온 거리보다 짧아지는 순간, 목표가 마치 손에 잡힐 듯한 기분에 발걸음을 재촉하게 된다. 그리고 마침내 정상에 올라섰을 때의 벅차오르는 감정은 말할 것도 없다.

리더의 길을 가고 있는 당신이 이 책을 통해 스스로 얼마만큼 전진했는지, 그리고 얼마나 더 가야 하는지를 알게 되길 바란다. 그리고 이 책이 당신이 가는 길에 조금이나마 도움이 되길 희망한다. 그리고 비록 각기 다른 지점에서 출발했지만 당신과 같이 정산을 향해 묵묵히 발걸음을 옮기는 동반자들이 많다는 사실을 기억한다면, 이 길이 그리 힘들고 외롭지만은 않을 것이다.

펴낸날 I 개정판 1쇄 · 2010년 8월 15일
　　　　2쇄 · 2011년 10월 15일

지은이 I 서유순 · 오철숙 · 이영숙
펴낸이 I 서용순
펴낸곳 I 이지출판

출판등록 I 1997년 9월 10일 제300-2005-156호
주소 I 110-350 서울시 종로구 운니동 65-1 월드오피스텔 903호
대표 전화 I 02-743-7661 팩스 I 02-743-7621
이메일 I easybook@paran.com

ⓒ 2010 서유순 · 오철숙 · 이영숙

값 12,000원

ISBN 978-89-92822-56-5 03320

- 잘못 만들어진 책은 바꿔 드립니다.
- 지은이와 협의에 의해 인지를 붙이지 않습니다.

이 도서의 국립중앙도서관 출판시도서목록(CIP)은
e-CIP 홈페이지(http://www.nl.go.kr/cip.php)에서 이용하실 수 있습니다.
(CIP 제어번호: CIP 2010002690)